Coordenadora e Organizadora
Nelci Janete dos Santos Nardelli
Colaboradoras
Lizete Cecília Deimling
Jandira Turatto Mariga
Marines da Cruz Monte

Qualidade das Ações na Gestão Administrativa, prevenção e cuidados com a saúde dos servidores:
experiências do plano de desenvolvimento dos agentes universitários – PDA

EDITORA CRV

Nelci Janete dos Santos Nardelli

QUALIDADE DAS AÇÕES NA GESTÃO ADMINISTRATIVA, PREVENÇÃO E CUIDADOS COM A SAÚDE DOS SERVIDORES:
experiências do plano de desenvolvimento dos agentes universitários – PDA

EDITORA CRV
Curitiba - Brasil
2016

Copyright © da Editora CRV Ltda.
Editor-chefe: Railson Moura
Diagramação e Capa: Editora CRV
Revisão: Os Autores
Conselho Editorial:

Profª. Drª. Andréia da Silva Quintanilha Sousa (UNIR)
Prof. Dr. Antônio Pereira Gaio Júnior (UFRRJ)
Prof. Dr. Carlos Alberto Vilar Estêvão
- (Universidade do Minho, UMINHO, Portugal)
Prof. Dr. Carlos Federico Dominguez Avila (UNIEURO - DF)
Profª. Drª. Carmen Tereza Velanga (UNIR)
Prof. Dr. Celso Conti (UFSCar)
Prof. Dr. Cesar Gerónimo Tello
- (Universidad Nacional de Três de Febrero - Argentina)
Profª. Drª. Elione Maria Nogueira Diogenes (UFAL)
Prof. Dr. Élsio José Corá (Universidade Federal da Fronteira Sul, UFFS)
Profª. Drª. Gloria Fariñas León (Universidade de La Havana – Cuba)
Prof. Dr. Francisco Carlos Duarte (PUC-PR)
Prof. Dr. Guillermo Arias Beatón (Universidade de La Havana – Cuba)

Prof. Dr. João Adalberto Campato Junior (FAP - SP)
Prof. Dr. Jailson Alves dos Santos (UFRJ)
Prof. Dr. Leonel Severo Rocha (URI)
Profª. Drª. Lourdes Helena da Silva (UFV)
Profª. Drª. Josania Portela (UFPI)
Profª. Drª. Maria de Lourdes Pinto de Almeida (UNICAMP)
Profª. Drª. Maria Lília Imbiriba Sousa Colares (UFOPA)
Prof. Dr. Paulo Romualdo Hernandes (UNIFAL - MG)
Prof. Dr. Rodrigo Pratte-Santos (UFES)
Profª. Drª. Maria Cristina dos Santos Bezerra (UFSCar)
Prof. Dr. Sérgio Nunes de Jesus (IFRO)
Profª. Drª. Solange Helena Ximenes-Rocha (UFOPA)
Profª. Drª. Sydione Santos (UEPG PR)
Prof. Dr. Tadeu Oliver Gonçalves (UFPA)
Profª. Drª. Tania Suely Azevedo Brasileiro (UFOPA)

Este livro foi aprovado pelo Conselho Editorial.

CIP-BRASIL. CATALOGAÇÃO-NA-FONTE
SINDICATO NACIONAL DOS EDITORES DE LIVROS, RJ

Q23

Qualidade das ações na gestão administrativa, prevenção e cuidados com a saúde dos servidores: experiências do plano de desenvolvimento dos agentes universitários (PDA) / organização Nelci Janete dos Santos Nardelli. - 1. ed. - Curitiba, PR: CRV, 2016.
196 p.

Inclui bibliografia
ISBN 978-85-444-0687-8

1. Administração. 2. Controle de qualidade. 3. Educação - Estudo e ensino (Superior). I. Nardelli, Nelci Janete dos Santos.

15-28173   CDD: 658.562
                                  CDU: 005.6

13/11/2015   17/11/2015

2016
Foi feito o depósito legal conf. Lei 10.994 de 14/12/2004
Proibida a reprodução parcial ou total desta obra sem autorização da Editora CRV
Todos os direitos desta edição reservados pela:
Editora CRV
Tel.: (41) 3039-6418
www.editoracrv.com.br
E-mail: sac@editoracrv.com.br

"Palavra puxa palavra, uma ideia traz outra, e assim se faz um livro, um governo, ou uma revolução, alguns dizem que assim é que a natureza compôs as suas espécies".
(Machado de Assis)

...e foi assim que se concretizou mais um sonho dos que acreditam no potencial das pessoas, pois, a partir da proposta de um gestor, as ideias foram criando forma, consistência e se transformando em ações concretas. Assim, pela vontade política de fazer acontecer, pelo esforço coletivo de todos os que desenvolveram seus projetos, pelo competente trabalho da Comissão responsável pelo PDA e pelo compromisso de todos os alcançados por essa política, o primeiro livro, gerado dos projetos PDA's, é editado. Nossos sinceros agradecimentose dedicação desta obra ao nosso Magnífico Reitor, professor Paulo Sérgio Wolff (Cascá), aos servidores Agentes Universitários da Unioeste, ao professor Fábio Lopes Alves, que dedicou seu tempo na construção das diretrizes e nos encaminhamentos práticos para a confecção do livro, e a todos os Docentes e Agentes Universitários que colaboraram na execução deste trabalho, por meio de orientação individual ou coletiva, nos cursos de Metodologia Científica:

DOCENTES

Adilson Carlos da Rocha
Adrian Alvarez Estrada
Fabio Lopes Alves
Fernando José Martins
Francis Mary Guimarães Nogueira
Liliam Faria Porto Borges
Marco Antônio Batista Carvalho
Maria Lúcia Frizon Rizzotto
Maridelma Laperuta Martins
Oscar Kenji Nihei
Remi Schorn
Sandra Cristiana Kleinschmitt

AGENTES UNIVERSITÁRIOS

Cássio Frederico Moreira Druziani
Emerson Cristofoli
Evanilde Pereira Salles Lange
Jandira Turatto Mariga
Liége Franken Ciupak
Lizete Cecília Deimiling
Loiva Marli Flach
Mara Cristina Vitorino
Marines da Cruz Monteiro
Marinez da Silva Mazzochin
Nelci Janete dos Santos Nardelli
Neusa de Oliveira Carneiro
Sandra Regina Mendonça

QUALIDADE DAS AÇÕES NA GESTÃO ADMINISTRATIVA, PREVENÇÃO E CUIDADOS COM A SAÚDE DOS SERVIDORES:
experiências do plano de desenvolvimento dos agentes universitários – PDA

SÉRIE: AVALIAÇÃO E IMPLICAÇÕES PARA A CONSOLIDAÇÃO DO PDA NA UNIOESTE

Coordenadora e Organizadora:
Nelci Janete dos Santos Nardelli
Colaboradoras:
Lizete Cecília Deimling
Jandira Turatto Mariga
Marines da Cruz Monteiro

O livro *QUALIDADE DAS AÇÕES NA GESTÃO ADMINISTRATIVA, PREVENÇÃO E CUIDADOS COM A SAÚDE DOS SERVIDORES: experiências do plano de desenvolvimento dos agentes universitários – PDA, na UNIOESTE* (v. 1) constitui a primeira produção integrante da Série "Avaliação e implicações para a consolidação do PDA na Unioeste" e tem por finalidade socializar os resultados de parte dos projetos desenvolvidos por servidores – Agentes Universitários da Universidade Estadual do Oeste do Paraná (UNIOESTE) –, provocando a reflexão e o debate para a construção e a definição de indicadores de desempenho do programa.

O Plano de Desenvolvimento dos Agentes Universitários (PDA) é uma política de qualificação, ampliação e fortalecimento das atividades desenvolvidas pelos servidores ocupantes de diversas funções da Carreira Técnica Universitária e, tem como objetivo principal, desenvolver práticas administrativas por meio da execução de projetos que visem maior qualidade nos serviços prestados pela Instituição e valorização dos Agentes Universitários que, a partir dos projetos das mais variadas áreas de conhecimento, têm a oportunidade de agregar valor às suas atividades cotidianas, com os conhecimentos adquiridos na sua área de formação e nas habilidades adquiridas ao longo de sua vida profissional, promovendo, assim, a sinergia entre a atividade fim e a atividade meio.

Trata-se, portanto, de uma política de gestão baseada num plano de incentivo à formação de pesquisadores, também para a área técnica, baseada na autonomia didático-científica e administrativa, assegurada pelo artigo 207 da Constituição Federal.

A proposta é trazer reflexões dos autores e sua produção de conhecimento sobre questões que importam para a melhoria contínua da qualidade da Educação Superior no que tange às atividades meio da Instituição. Os artigos integram produção técnica e científica, com textos agrupados em eixos temáticos que contemplam os temas-chave. Os resultados das investigações são iniciais e representam uma pequena parte das inúmeras ações que foram – e estão – sendo incentivadas a partir da implantação do PDA, os quais estão sintetizados nesta obra. Intenciona-se que as novas propostas e ações sejam semeadas e que esses estudos possam contribuir e concretizar avanços para a manutenção e melhoria permanente da qualidade desta Instituição.

O livro está organizado em três eixos temáticos, distribuídos em 14 capítulos.

SUMÁRIO

PRIMEIRO EIXO
OTIMIZAÇÃO DAS AÇÕES ADMINISTRATIVAS – VISIBILIDADE E ROTINAS ADMINISTRATIVAS

PLANEJAMENTO FINANCEIRO E SAÚDE FINANCEIRA DOS SERVIDORES DA UNIOESTE X QUALIDADE DE VIDA PESSOAL E PROFISSIONAL..15
Jandira Turatto Mariga
Marines da Cruz Monteiro
Carmen Regina Battisti
Gilceli Aparecida Zambão
Alice Samanta Fonseca Contato

LEVANTAMENTO E ANÁLISE DAS CAUSAS PRIMÁRIAS QUE MOTIVARAM A ABERTURA DE SINDICÂNCIAS E DE PROCESSOS ADMINISTRATIVOS NO ÂMBITO DA UNIOESTE NO PERÍODO DE 2008 A 2013 27
Jandira Turatto Mariga
Marines da Cruz Monteiro
Lizete Cecília Deimling
Gilceli Aparecida Zambão

DIAGNÓSTICO DE EVASÃO NOS CURSOS DE GRADUAÇÃO DA UNIVERSIDADE ESTADUAL DO OESTE DO PARANÁ – UNIOESTE PERÍODO DE 2003 A 2013 39
Marines da Cruz Monteiro
Roseli Aparecida Valera Paris
Adriana Fátima Tavares

DIVULGAÇÃO DOS CURSOS DA UNIOESTE DE TOLEDO 49
Marli Kunzler de Lima
Anna Puebla Vitkoski Fagotti
Eliane Becker
Dirce Inês Simon Hahn Hagemann
Cátia Silene Maciel Ferreira
Lisângela Birck

IMPORTÂNCIA DADA PELOS GESTORES INSTITUCIONAIS PARA
O DESENVOLVIMENTO DE AÇÕES DE VISIBILIDADE NA UNIOESTE
CAMPUS DE FRANCISCO BELTRÃO, NO ANO DE 2013....................61
Andréia Zuchelli Cucchi

CAPACITANDO PARA O USO DO PORTAL
DE PERIÓDICOS DA CAPES: resultados entre 2013-2014.......... 77
Helena Soterio Bejio

SEGUNDO EIXO
QUALIDADE DE VIDA E AÇÕES PREVENTIVAS
PARA A MELHORIA E O CUIDADO COM A
SAÚDE DOS SERVIDORES DA UNIOESTE

VALORIZAÇÃO DO (SER)VIDOR DA UNIOESTE:
a prevenção de riscos à saúde ocupacional em perspectiva.......... 91
Nelci Janete dos Santos Nardelli
Ana Cristina Damian
Laura Cristina Chaves Romero
Lairton Milani
Rosana Rossetin Lima
Rodrigo Suzuki

RELATO DE EXPERIÊNCIA CUIDANDO DA SAÚDE
DAS TRABALHADORAS: coleta de exame preventivo de câncer
cérvico-uterino e exame clínico das mamas 107
Kelly Jackelini Jorge dos Santos
Denise Galletto
Eni Ferreira Brisolla
Fabiana Freitas Squerich
Clarinha Wagner Horn

LIBRAS NO SERVIÇO PÚBLICO:
superando os limites da comunicação 117
Laura Cristina Chaves Romero
Geyze Colli Alcantara
Lourdes Helena Fernandes
Mari Angela Sbaraini
Nelci Janete dos Santos Nardelli

CARACTERIZANDO O ABSENTEÍSMO NO HOSPITAL UNIVERSITÁRIO DO OESTE DO PARANÁ 129
Franciely da Rosa de Castro
Ivã José de Pádua
Maria Socorro de Lima
Nelci Janete dos Santos Nardelli

REPOSIÇÃO DE LUMINÁRIAS COM REATORES, POR LÂMPADAS FLORESCENTES ESPIRAIS, ABOLINDO O USO DE FITA ISOLANTE E SUBSTITUINDO-A POR ESPAGUETE RECICLÁVEL DE CAPA EXTERNA DE CABO DE REDE DE INFORMÁTICA DESCARTÁVEL.. 141
Ivair Deonei Ebbing
José Dirceu Bordignon
Jandira Turatto Mariga

RECICLAGEM DIGITAL 151
Carlos Paulo Duda
Charles Volkmann
Jandira Turatto Mariga

SUSTENTABILIDADE:
curtimento ecológico e avaliação da resistência do couro de rã 161
Márcia Luzia Ferrarezi Maluf
Fernando Dressler
Janete Terezinha Chimbida
João Cezar de Araújo
Nelci Janete dos Santos Nardelli

A COTA SOCIAL DA ORIGEM NACIONAL À IMPLANTAÇÃO NA UNIOESTE CAMPUS DE FOZ DO IGUAÇU........................ 173
Claudete Conceição de Abreu
Juliano Hettwer
Nelma de Fátima Silva
Raul Damasceno Jucá Rolim
Silvana Ap. Michaliski Rodrigues

SOBRE OS AUTORES 187

PRIMEIRO EIXO

OTIMIZAÇÃO DAS AÇÕES ADMINISTRATIVAS – VISIBILIDADE E ROTINAS ADMINISTRATIVAS

PLANEJAMENTO FINANCEIRO E SAÚDE FINANCEIRA DOS SERVIDORES DA UNIOESTE X QUALIDADE DE VIDA PESSOAL E PROFISSIONAL

Jandira Turatto Mariga[1]
Marines da Cruz Monteiro[2]
Carmen Regina Battisti[3]
Gilceli Aparecida Zambão[4]
Alice Samanta Fonseca Contato[5]

Introdução

Qualidade de vida é um conceito criado pelo economista americano J. K. Galbraith em 1958, e difundiu não só os efeitos econômicos quantitativos, mas a melhoria das condições de vida do indivíduo. O termo "qualidade de vida" abrange variáveis como o bem-estar físico, psicológico, emocional, mental, de relacionamento, entre outros. Essas variáveis são afetadas pelas condições financeiras do indivíduo, afinal alimentação, educação, saúde e lazer são necessidades básicas e dependem de recursos financeiros.

Os indivíduos que não são educados financeiramente e, portanto, não administram eficientemente e eficazmente seu dinheiro, contraem dívidas, parcelamentos de longo prazo e, muitas vezes, utilizam limites bancários cujos juros são altíssimos.

O planejamento financeiro não se limita a acompanhar os gastos diários, cortar gastos desnecessários e saber, no fim do mês, quanto se ganhou ou o que se fez com o dinheiro, mas visa, também, proporcionar

---
1 Universidade Estadual do Oeste do Paraná, Mestre em Engenharia de Produção e Doutoranda em Ciências Sociais.
2 Universidade Estadual do Oeste do Paraná, Mestre em Ciência da Informação e Doutoranda em Ciências Sociais.
3 Universidade Estadual do Oeste do Paraná, Especialista.
4 Universidade Estadual do Oeste do Paraná, Especialista.
5 Universidade Estadual do Oeste do Paraná, Especialista.

conhecimento no sentido de restabelecer e de manter a saúde financeira, bem como criar uma cultura de excelência financeira e patrimonial crescente, se fazendo necessário, para tanto, determinação, motivação e disciplina na área financeira.

É importante atrelar o controle financeiro a sonhos e objetivos, pois sonhos e objetivos geram motivação para o planejamento, observando o que se quer conquistar em bens ou serviços e em quanto tempo se deseja fazê-lo, como, por exemplo, a aquisição da casa própria, trocar de carro, garantir a faculdade dos filhos, um bom plano de aposentadoria, viagens, garantir ou programar um futuro mais estimulante.

Drucker (1984) define o planejamento como um processo contínuo de tomada de decisões por meio da retroalimentação organizada e sistemática, e com o maior conhecimento possível do cenário futuro, o que possibilita comparar os resultados com as expectativas.

O planejamento está relacionado com os objetivos de médio e longo prazo e aonde se pretende chegar (CHIAVENATO, 2003). Assim, por meio do planejamento, pode-se identificar os recursos potenciais, conhecer as fraquezas e estabelecer metas a serem implementadas, assegurando o sucesso dos resultados projetados, uma vez que toda organização que possui um capital humano qualificado e que saiba administrar seu dinheiro, aguça suas habilidades e ideias (STEWART, 1998).

Maslow (1962) propôs a pirâmide da hierarquia das necessidades, figura na qual, na base da pirâmide, estão as necessidades fisiológicas (como moradia, segurança, saúde, alimentação) e somente depois de garantida essa base é que o indivíduo está apto para dar sequência aos próximos estágios da pirâmide, em cujo topo está a autorrealização.

Considerando a afirmação de Chiavenato (2008, p. 340), segundo o qual "[...] a remuneração não visa apenas recompensar os colaboradores pelo seu trabalho e dedicação, mas tornar a sua vida mais fácil e agradável", acredita-se que, se o indivíduo estiver com alto índice de endividamento, não terá motivação para alcançar os demais degraus da pirâmide e, também, para a melhoria do desempenho profissional, e sequer a busca pela autorrealização.

Com base nessas teorias e após ter mapeado o índice de servidores públicos de uma Instituição de ensino do Estado do Paraná[6], que contraíram empréstimos consignados, percebeu-se a necessidade de formação de sujeitos na busca da qualidade de vida por meio do planejamento e do gerenciamento financeiro, visando ao restabelecimento e à manutenção da saúde financeira.

---

6   Participaram do estudo 88 pessoas da Unioeste, lotadas na Reitoria, Câmpus de Cascavel, Foz do Iguaçu, Toledo, Francisco Beltrão e Hospital Universitário.

Para atingir esse objetivo, propomos os seguintes objetivos específicos: (i) promover cursos e incentivar a disciplina, motivação e determinação em relação ao planejamento e gerenciamento financeiro; (ii) elaborar, disponibilizar e orientar o uso de planilha financeira e (iii) prestar atendimento individualizado e sigiloso aos servidores em situação de endividamento, a fim de oportunizar alternativas de liquidez de dívidas e reestabelecer o controle financeiro.

Considerando que os problemas causados pela falta ou pelo mau gerenciamento de recursos financeiros afetam tanto a vida pessoal quanto a profissional, temos como necessária esta pesquisa, pois possibilita aos servidores visualizar caminhos alternativos e novas opções de controle e gerenciamento financeiro.

1 Procedimentos metodológicos

A presente pesquisa foi desenvolvida no âmbito da Universidade Estadual do Oeste do Paraná (Unioeste) durante o ano de 2013 e, para a classificação desta pesquisa, toma-se como base a taxonomia apresentada por Vergara (1998), que classifica a pesquisa quanto aos meios e aos fins.

Quanto aos meios, a pesquisa é bibliográfica porque o estudo é desenvolvido com base em material publicado e acessível ao público em geral, e caracterizada como pesquisa aplicada, uma vez que é investigação empírica, incluindo palestras e coleta de dados por meio de questionários.

Quanto aos fins, a pesquisa é exploratória e foi desenvolvida em três fases, sendo a primeira fase de revisão bibliográfica sobre questões que envolvem o objeto da pesquisa e a elaboração de palestras, da planilha financeira e do questionário. Nessa fase, e, com base no referencial teórico estudado, elaborou-se o material adequado, levando em consideração o público a ser atingido; a segunda fase é quando se vai a campo ministrar as palestras e interagir com o público-alvo aplicando questionário, e, por fim, ocorre a fase de análise e interpretação dos dados coletados.

Para Gil (1994, p. 27), "[...] a ciência tem como objetivo fundamental chegar à veracidade dos fatos". É preciso, no entanto, que se determine o método a ser utilizado para que esse conhecimento se torne científico. O autor define método como "[...] caminho para se chegar a determinado fim. E método científico como o conjunto de procedimentos intelectuais e técnicos adotados para atingir o conhecimento" (Idem, p. 27).

O método da pesquisa transmite racionalidade e ordenação, garante o espírito crítico contra credulidades ao exigir argumento diante de tudo o que se afirma e permite criatividade ao vislumbrar novos horizontes. Segue-se, portanto, que metodologia é o estudo dos caminhos e dos instrumentos para se fazer ciência, não se restringindo apenas a métodos e técnicas de pesquisa, uma vez que o lado empírico abre oportunidades de discussão do problema (DEMO, 1992).

Assim, essa pesquisa se justifica em razão de que o índice de servidores com empréstimos consignados é de 41,4%[7]. Embora o índice apresentado seja considerado moderado, não necessariamente indica que os servidores estão em situação de endividamento. Portanto, como foi analisado apenas o número de servidores com empréstimos consignados, sem se obter conhecimento individualizado, a hipótese de pesquisa é de não serem identificados os servidores em situação de endividamento.

2 Fundamentação teórica

A palavra planejamento nos remete ao pensar, avaliar, organizar, controlar e executar nossas ações e, principalmente, nossa vida financeira, pois a questão financeira atinge diretamente nossa qualidade de vida.

O Planejamento estratégico surgiu por volta dos anos 60 com a finalidade de assegurar a sobrevivência e crescimento das organizações por meio da adaptação dos recursos existentes, sejam de ordem financeira, patrimonial ou de pessoal, com as mudanças do meio ambiente. Por meio do planejamento, descobriu-se que os riscos de uma decisão podem ser reduzidos. Ou seja, da mesma maneira que as empresas se planejam, o indivíduo também deve se planejar.

Segundo Oliveira (2001), planejamento não deve ser confundido com previsão, projeção, predição, resolução de problemas ou planos, pois são coisas diferentes. Ainda este mesmo autor define que o planejamento estratégico é "um processo gerencial que possibilita ao executivo estabelecer o rumo a ser seguido pela empresa com vistas a obter um nível de otimização na relação da empresa com seu ambiente" (OLIVEIRA, 1994, p. 46).

O planejamento dá direção, coordena esforços, reduz a incerteza e o impacto de mudanças e estabelece objetivos que facilitam o controle.

Segundo Mintzberg (2004, p. 26), o planejamento "é um procedimento formal para produzir um resultado articulado, na forma de um sistema integrado de decisões".

---

[7] Dados da Diretoria de Pagamento da Pró-Reitoria de Recursos Humanos.

Já para os autores Lacombe e Heilborn (2003), o planejamento pode ser definido como:

> a determinação da direção a ser seguida para se alcançar um resultado desejado ou; b) a determinação consciente de cursos de ação, isto é, dos rumos. Ele engloba decisões, com bases em objetivos, em fatos e na estimativa do que ocorreria em cada alternativa. Planejar é, portanto, decidir antecipadamente o que fazer, de que maneira fazer, quando fazer e quem deve fazer. (LACOMBE; HEILBORN, 2003, p. 162).

Existem, pois, três tipos de Planejamento: o planejamento estratégico, o planejamento tático e o planejamento operacional, conforme disposto na Figura 1.

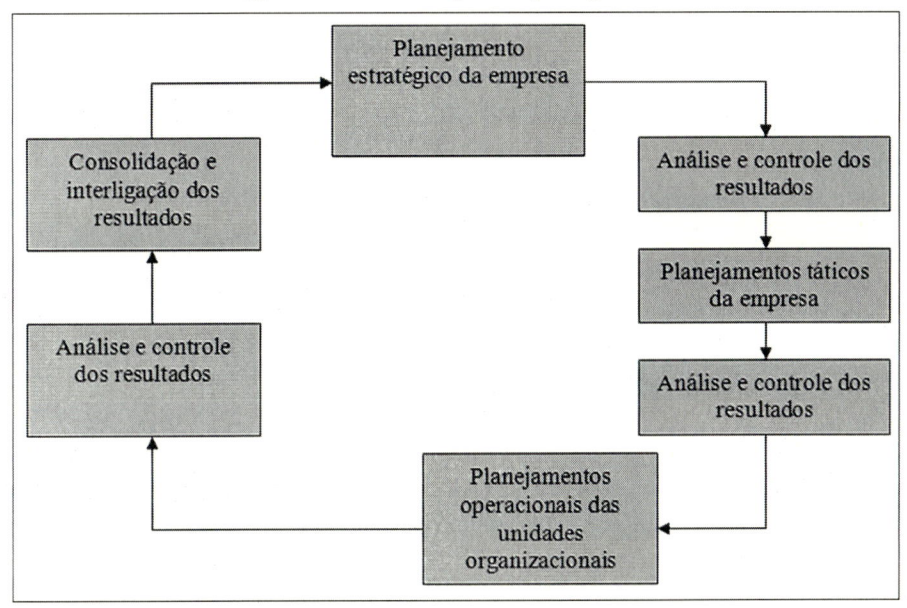

Figura 1 – Os três tipos de planejamento

Fonte: Oliveira (2003, p. 47).

Chiavenato e Sapiro (2003, p. 39) definem planejamento estratégico como "um processo de formulação de estratégias organizacionais no qual se busca a inserção da organização e de sua missão no ambiente em que ela está atuando".

Por meio do planejamento estratégico se define a missão e a visão de uma organização ou da vida pessoal. A missão é a razão da existência de uma organização; especifica o negócio no qual a organização pretende competir e os clientes que pretende atender; e a visão é aquilo que esta mesma organização quer ser no futuro; faz sonhar e incentivar o compromisso e interesse de todos os públicos.

Ainda, segundo Oliveira (2010), o processo de planejamento estratégico é iniciado com a definição da visão, que consiste na definição de onde se quer chegar em um período de tempo mais longo e uma abordagem mais ampla. Nesta etapa, podem ser identificadas as expectativas de crescimento da organização, bem como são estabelecidos os valores e os princípios que a empresa deve respeitar e consolidar ao longo do tempo, e que irão nortear o processo decisório organizacional. Ao definir o que será no futuro, a organização passa para o processo de identificação da missão da empresa, ou seja, busca definir a sua razão de ser, a qual define seu posicionamento estratégico.

Assim como as organizações, os indivíduos também devem definir sua visão e missão de vida, e, a partir destas determinações, estabelecer objetivos que garantam vivenciar sua missão buscando atingir a visão de vida.

O planejamento operacional, segundo Oliveira (2004, p. 49) "pode ser considerado como a formalização, principalmente através de documentos escritos, das metodologias de desenvolvimento e implantação estabelecidas".

E o planejamento tático objetiva otimizar determinada área de resultado, e não a empresa globalmente, sendo um planejamento para a realização de ações a médio prazo, enquanto o operacional é a curto prazo, e o estratégico é a longo prazo. O planejamento estratégico é, então, desmembrado em subplanos, que são o tático e o operacional.

Alguns benefícios do planejamento podem ser citados, como:
a) Promove eficiência, eficácia, tomada de decisão, trabalho em equipe, autocontrole e qualidade dentro da organização;
b) Unifica e harmoniza os procedimentos da Organização;
c) Maior capacidade para tratar com as incertezas tanto do ambiente externo como do interno;
d) Cria sinergia nos esforços individuais que impulsionam a organização mais rapidamente em direção às metas.

O planejamento, assim, como tudo na vida, possui também algumas limitações, as quais citamos: a) Previsão limitada pela ação do tempo (pode ou não ocorrer); b) Mudanças rápidas; c) Falta de recursos; d) Resistências.

Ao elaborar e implementar o planejamento, seja na organização, seja na vida pessoal, algumas ações poderão, ou não, ocorrer por diversos fatores. Para minimizar este risco, o próprio processo de planejar, por meio da fase da avaliação e acompanhamento, nos permite acompanhar as ações e definir outras quando houver alteração no ambiente que trará prejuízos a ação estabelecida. E é por isso que o plano não deve ser engessado, mas sim, deve ser atualizado sempre que necessário, pois as alterações no ambiente externo, o qual influencia diretamente no ambiente interno, não são controláveis e sofrem constantes alterações. Se o indivíduo planeja uma viagem para o exterior dependerá da moeda do país de destino, sendo que as alterações da moeda podem sofrer alterações positivas ou negativas, porém, nem por isso o plano estará fracassado, mas é necessário o acompanhamento constante deste ambiente.

A falta de recursos para colocar o plano em ação deve ser considerada desde o início, e é, justamente, por meio do planejamento que o indivíduo buscará o recurso necessário. E, quanto às resistências ao planejamento, o indivíduo deverá trabalhar desde a formulação do plano à mudança cultural.

Para a elaboração de um bom planejamento financeiro pessoal é preciso definir claramente o objetivo, definir prazo, definir recursos necessários e sistematizar os seguintes passos: a) preencher a planilha de receitas e despesas e apurar a real situação; b) refletir sobre seus aspectos comportamentais; c) identificar alternativas de ação; d) decidir e implementar as ações propostas; e) controlar e acompanhar o plano.

Uma das etapas mais importantes no planejamento financeiro pessoal é a mudança de comportamento. O indivíduo precisa decidir mudar algumas atitudes e, por vezes, seu nível social para que possa atingir um equilíbrio financeiro. Portanto, não basta proceder ao planejamento formal, precisa haver mudança cultural e, também, estar predisposto a mudanças de ordem social.

Ao planejar, o indivíduo decide antecipadamente o que, como e quando fazer. O ato do planejamento formal de nossa vida nos fará conhecer a nós mesmos, nossa família e todos os fatores que inferem nesta organização familiar. Por meio do planejamento o indivíduo conhecerá suas fraquezas e seus pontos fortes, e estará apto a disciplinar esforços e racionalizar atitudes em prol do objetivo proposto.

As maiores dificuldades relatadas por gestores para não realizar planejamento, segundo Luck (2004, p. 37-47), são:

a) Falta de tempo para planejar: o planejamento constitui condição imprescindível para o bom uso e a maximização de tempo, por organizar, previamente, todos os processos necessários ao bom desempenho;
b) Preocupação com soluções imediatistas: prática de "apagar incêndios" representam desperdício de tempo e desgaste de energia, e ocorre, justamente, por falta de planejamento;
c) Influência de pressões do contexto de trabalho: os colegas de trabalho, seja um superior hierárquico ou não, acabam cobrando soluções imediatas;
d) Descrédito quanto ao planejamento: crença de que não adianta planejar, pois o projeto não sairá do papel. Não se deve desacreditar da potência do planejamento, mas sim, da capacidade dos planejadores;
e) Dificuldades pessoais do gestor-planejador: indisciplina mental, falta de constância, hesitações, medo de se expor, ansiedade.

O planejamento vai ajudar a estabelecer limites aos impulsos de consumo, pois, ao se definir os objetivos, estabelecem-se as receitas e despesas e, portanto, sabe-se em que se pode gastar ou investir, quanto e como. Com o planejamento estratégico, definem-se os objetivos em longo prazo, com o planejamento tático em curto prazo e com a planilha financeira, planejamento operacional, define-se o planejamento em curto prazo e se consegue acompanhar diariamente as despesas, visualizando o quanto já foi gasto e o impacto que determinado gasto pode ter sobre as finanças.

3 Resultados e discussão

As variáveis que compõem o conceito de qualidade de vida são afetadas diretamente pelas condições financeiras dos indivíduos; portanto, manter o controle financeiro é fundamental para uma vida mais fácil e agradável.

Uma vez aceito, o pressuposto de que o endividamento gera estresse, problemas psicológicos, físicos, relação familiar em crise, instabilidade emocional e, consequentemente, baixa produtividade profissional, e constatado que 41,4% dos servidores da Unioeste possuem empréstimos consignados, foram ministradas sete palestras motivacionais, nas quais falou-se acerca da importância do controle financeiro. As palestras ocorreram nas seguintes unidades: uma na Reitoria e nos *Campi* de Cascavel, Foz do Iguaçu, Toledo, Francisco Beltrão e duas no Hospital Universitário. Não foram realizadas palestras no Câmpus de Marechal

Cândido Rondon. Participaram das palestras 88 pessoas, mas, dessas, nove não informaram tempo de serviço ou classe a que pertencem e uma era discente, conforme demonstrado na Tabela 1.

Tabela 1 – Dados dos servidores da Unioeste

CLASSE			TEMPO DE TRABALHO				
A	B	C	0 - 5 anos	5 -10 anos	10 - 15 anos	15 - 20 anos	+ 20 anos
5	35	47	10	1	34	23	10

Fonte: Elaborada pelos autores.

Relembramos a hipótese da pesquisa, de que, embora o índice de servidores com empréstimos consignados seja de 41,4%, poderia não ser possível identificar nenhum servidor em situação de endividamento. Considerando que apenas um servidor procurou auxílio para a elaboração de seu planejamento financeiro, concluiu-se que a hipótese de pesquisa pode ser verdadeira.

Os servidores que participaram da pesquisa não necessariamente possuem empréstimos consignados, mas são, sem dúvida, pessoas preocupadas com o planejamento financeiro e compreendem a necessidade de realizar o planejamento, controle e avaliação financeira. A grande maioria dos participantes demonstrara interesse em se aprofundar no assunto e, de uma maneira ou outra, realizam controle e o estabelecimento de metas para a vida pessoal.

Considerações finais

O objetivo da pesquisa, além de formar sujeitos na busca da qualidade de vida por meio do planejamento e gerenciamento financeiro, visando restabelecer e manter a saúde financeira e patrimonial crescente foi auxiliar os servidores que estivessem em dificuldades financeiras e também com dificuldades em organizar seu orçamento.

Acredita-se que tal objetivo foi atingido, uma vez que, com a distribuição e orientação de como alimentar, operacionalizar e interpretar a planilha financeira, muitos dos servidores passaram a utilizá-la, estabelecendo, a partir de então, seu planejamento financeiro, que é o planejamento operacional, visando atingir os objetivos traçados em longo prazo, como a compra de um imóvel ou uma viagem.

Embora a pesquisa tenha sido concluída, e considerando os resultados e o índice de servidores com empréstimos consignados, a pesquisa foi redimensionada para ser ofertada como oficina integrante do Plano de Desenvolvimento dos Agentes Universitários.

O planejamento da vida pessoal e, principalmente, o planejamento estratégico pessoal, não são ferramentas costumeiramente utilizadas pelos indivíduos. Em consulta aos participantes desta pesquisa, concluiu-se que a grande maioria não realiza planejamento formal, porém, uma pequena parcela se utiliza de planilha financeira mensal, que é um tipo de planejamento operacional.

Outro avanço percebido ao longo das realizações das oficinas foi a "sementinha plantada" com relação à poupança. Trabalhou-se esta questão não como investimento, mas, como dívida. Uma dívida que o indivíduo passa a ter com ele mesmo para poder garantir a qualidade de vida, pois, a partir do momento que trato minha poupança como dívida, antes de pagar outras despesas, pagarei a mim mesmo, com o depósito na minha poupança. A meta trabalhada com os participantes é que 10% de suas receitas fossem reservadas logo na entrada da receita, o salário, para garantir que este recurso não seja desviado para outras finalidades.

REFERÊNCIAS

CHIAVENATO, Idalberto. **Planejamento estratégico**. Rio de Janeiro: Elsevier, 2003.

CHIAVENATO, Idalberto. **Gestão de pessoas**. Rio de Janeiro: Elsevier, 2008.

CHIAVENATO, I; SAPIRO, A. **Planejamento Estratégico**: Fundamentos e Aplicações. Rio de Janeiro: Campos, 2003.

DEMO, Pedro. **Metodologia científica em ciências sociais**. São Paulo: Atlas, 1992. 255 p.

DRUCKER, Peter Ferdinand. **Introdução à administração**. São Paulo: Pioneira, 1984.

GIL, Antônio Carlos. **Métodos e técnicas de pesquisa social**. 4. ed. São Paulo: Atlas, 1994. 207 p.

LACOMBE, F; HEILBORN, G. **Administração**: princípios e tendências. São Paulo: Saraiva, 2003.

LUCK. H. **Metodologias de Projetos**: Uma ferramenta de Planejamento e Gestão. Petrópolis, RJ: Vozes, 2004.

MASLOW, Abraham H. **Introdução à psicologia do ser**. 2. ed. Rio de Janeiro: Eldorado, [1962]. 279 p.

MINTZBERG, H. **Ascenção e Queda do Planejamento Estratégico**. Porto Alegre: Bookman, 2004.

OLIVEIRA, Djalma de Pinho Rebouças. **Planejamento Estratégico**: conceitos, metodologias e práticas. 8. ed. São Paulo: Atlas, 1994.

_____. **Planejamento Estratégico**: conceitos, metodologias e práticas. 16. ed. São Paulo: Atlas, 2001.

_____. **Planejamento estratégico**: conceitos, metodologias e práticas. 19 ed. São Paulo: Atlas, 2003.

_____. **Estratégia empresarial & vantagem competitiva:** como estabelecer, implementar e avaliar. 7 ed. São Paulo: Atlas, 2010.

VERGARA, Sylvia Constant. **Projetos e relatório de pesquisa em administração**. São Paulo: Atlas, 1998.

STEWART, Thomas A. **Capital intelectual** – a nova vantagem competitiva das empresas. 5. ed. Rio de Janeiro: Campus, 1998.

LEVANTAMENTO E ANÁLISE DAS CAUSAS PRIMÁRIAS QUE MOTIVARAM A ABERTURA DE SINDICÂNCIAS E DE PROCESSOS ADMINISTRATIVOS NO ÂMBITO DA UNIOESTE NO PERÍODO DE 2008 A 2013

Jandira Turatto Mariga[8]
Marines da Cruz Monteiro[9]
Lizete Cecília Deimling[10]
Gilceli Aparecida Zambão[11]

Introdução

A comunidade acadêmica da Universidade Estadual do Oeste do Paraná (Unioeste), conforme definido no Estatuto da Universidade (Resolução Nº 017/99-COU) e no Regimento Geral da Universidade (Resolução Nº 028/2003-COU), é constituída pelos docentes, pelos discentes e por agentes universitários, e cada integrante desta comunidade acadêmica é obrigado a cumprir as normativas aprovadas pelos Conselhos Superiores da Universidade, sem prejuízo das disposições legais e constitucionais.

Deste universo, têm-se os docentes e agentes universitários, os quais integram carreiras específicas de docência em ensino superior e atividades técnicas administrativas, compondo o quadro de servidores públicos da instituição.

Segundo as disposições constitucionais em vigor, servidores públicos são todos aqueles que mantêm vínculo de trabalho profissional com os órgãos e entidades governamentais, integrados em cargos ou empregos de qualquer deles: União, Estados, Distrito Federal, Municípios e suas respectivas autarquias, fundações, empresas públicas e sociedades de economia mista.

---

8   Universidade Estadual do Oeste do Paraná, Mestre em Engenharia de Produção e Doutoranda em Ciências Sociais.
9   Universidade Estadual do Oeste do Paraná, Mestre em Ciência da Informação e Doutoranda em Ciências Sociais.
10 Universidade Estadual do Oeste do Paraná, Mestre Desenvolvimento Regional e Agronegócio e Doutoranda em Ciências Sociais.
11 Universidade Estadual do Oeste do Paraná, Especialista.

Trata-se de designação genérica e abrangente, introduzida pela Constituição Federal de 1988, uma vez que, até a promulgação da carta hoje em vigor, prevalecia a denominação de funcionário público para identificação dos titulares de cargos na administração direta, considerando-se equiparados a eles os ocupantes de cargos nas autarquias, aos quais se estendia o regime estatutário.

A partir da Constituição de 1988 desaparece o conceito de funcionário público, passando-se a adotar a designação ampla de servidores públicos, distinguindo-se, no gênero, uma espécie: os servidores públicos civis, os quais receberam tratamento nos artigos 39 a 41 pela Constituição Federal de 1988.

No âmbito estadual, a Lei nº 6.174/1970, que aprovou o Estatuto do Servidor do Estado do Paraná, estabelece em seu Art. 2º que funcionário (servidor público) é a pessoa legalmente investida em cargo público, entendendo-se que cargo público é o conjunto de atribuições e de responsabilidades cometidas a um funcionário (PARANÁ, 1970). Já a Resolução nº 046/2008-COU, que aprova o Código Disciplinar da Unioeste, em seu artigo 2º, inciso VI, dispõe que "[...] a função pública do servidor da Unioeste deve ser entendida como exercício profissional [...]".

A doutrina, nas palavras de Figueiredo (2004, p. 581), define que "[...] agentes públicos são todos aqueles investidos em funções públicas, quer permanente, quer temporariamente". Ainda, segundo a autora, a expressão "agente público" é ampla e abriga todos os servidores contratados ou temporários. O agente que praticar um ato ilícito que gere um prejuízo ao erário poderá vir a responder por três esferas distintas: responsabilidade penal, civil e administrativa. Deste modo, os servidores públicos que, ao desempenharem atividades de sua competência, ou alegando estar cumprindo sua função, efetuem infrações (atividades exercida de forma ilegal, gerando dano), poderão ser responsabilizados nas esferas administrativa, civil ou penal diante da Administração Pública.

Para Gasparini (2006, p. 171), conforme os art. 37 a 41 da CF/88, "existe uma gama de pessoas físicas que se ligam, sob regime de dependência, à Administração Pública direta, indireta, autárquica e fundacional pública, mediante uma relação de trabalho de natureza profissional e perene para lhes prestar serviços", a qual considera como servidores públicos.

Conforme Mello (2010), agentes ou servidores públicos "são os que entretêm *com o Estado e com as pessoas de Direito Público da Administração Indireta* relação de trabalho de natureza *profissional* e caráter não eventual *sob vínculo de dependência*" (MELLO, 2010, p.

249, grifo nosso). Compreendem na espécie, ou seja, *servidores titulares de cargos públicos, s*ervidores empregados ou particulares em colaboração com a administração.

Já na concepção de Bastos (2001, p. 311), os servidores públicos se enquadram numa das categorias de agentes públicos: "são todos aqueles que mantêm com o Poder Público um vínculo de natureza profissional, sob uma relação de dependência", compreendidos como os servidores investidos em cargos efetivos, em cargos em comissão ou servidores contratados por tempo determinado.

No contexto universitário, toda a comunidade acadêmica responde civil e criminalmente por lesões que venham a cometer contra a administração ou contra terceiros, conforme consta do Capítulo IV – Do Regime Disciplinar – do Regimento Geral da Unioeste e no Capítulo II – Dos Deveres e Obrigações – da Resolução nº 046/2008-COU, a qual aprova o Código Disciplinar da Unioeste.

Em se tratando de apuração de faltas praticadas por membro da comunidade acadêmica, como normativa interna utiliza-se na qualidade de instrumento investigativo a Resolução nº 046/2008-COU, segundo a qual, por meio de sindicância, se apuram as denúncias de fatos tidos como irregulares.

No Estatuto do Servidor, Lei nº 6.174/70, tem-se que a autoridade que tiver ciência ou notícia de irregularidade no serviço público estadual, ou de faltas funcionais, é obrigada, sob pena de se tornar corresponsável, a promover, de imediato, sua apuração mediante sindicância ou processo administrativo conforme se apresentam os fatos.

Já o Decreto Estadual nº 5.792/2012 define esse procedimento como instrumento preliminar e que tem por objetivo a verificação de indícios de suposta prática de fato irregular e sua autoria. Vê-se, então, que a sindicância visa à apuração prévia de possível existência do fato ou autoria e é utilizada quando não houver dados que caracterizem a infração e capazes, por si só, de comportar a abertura imediata de processo administrativo disciplinar.

Quando findo o procedimento investigativo da sindicância e/ou apresentado relatório/denúncia com provas suficientes, é instaurado processo administrativo disciplinar, sendo este o instrumento utilizado para apurar responsabilidade de membro da Comunidade Acadêmica por infração praticada no exercício de suas atribuições ou que tenha relação, no caso de servidor, com as atribuições do cargo de que se encontra investido.

O código disciplinar da instituição define muito bem o processo administrativo, consistindo, pois, no "[...] instrumento destinado a apurar responsabilidade de membro da Comunidade Acadêmica, por infração praticada [...]"

e, ainda, que "[...] obedece aos princípios do contraditório e da ampla defesa [...]". A Lei nº 6.174/70 define os trâmites que o processo administrativo deve seguir em seus artigos 314 e seguintes. Já o Decreto Estadual nº 5.792/2012 estabelece que o processo administrativo é o mecanismo para "[...] apurar, assegurado o contraditório e a ampla defesa, a responsabilidade funcional de servidor público que lhes seja subordinado" (PARANÁ, 2012).

Ainda, segundo o mesmo Decreto, corroborando o artigo 306 da Lei Estadual nº 6.174/70, institui que toda autoridade que tomar ciência de irregularidades praticadas no serviço público deve promover sua apuração, sob pena de se tornar corresponsável ou responder por condescendência criminosa, mesmo em se tratando de denúncia apócrifa ou anônima (PARANÁ, 2012).

É sabido que a administração pública está adstrita ao cumprimento dos princípios da administração pública, tal como previsto no art. 37 da Constituição Federal de 1988, porém, para os procedimentos que estamos discutindo, há um princípio fundamental a ser observado. Trata-se, pois, do princípio da motivação, princípio que determina que a administração deve sempre justificar seus atos, apresentando as razões que a fizeram decidir sobre os fatos, com a observância da legalidade governamental. Assim, os atos administrativos precisam ser motivados, contendo as razões de direito que levaram a administração a proceder daquele modo.

O princípio da motivação determina que a autoridade administrativa deve apresentar as razões que a levaram a tomar uma decisão. A motivação é uma exigência do Estado de Direito, ao qual é inerente, entre outros direitos dos administrados, o direito a uma decisão fundada, motivada, com explicitação dos motivos, sem os quais torna-se extremamente difícil sindicar, sopesar ou aferir a correção daquilo que foi decidido. Por isso, é essencial que se apontem os fatos, as inferências feitas e os fundamentos da decisão. A falta de motivação no ato discricionário abre a possibilidade de ocorrência de desvio ou abuso de poder, dada a dificuldade, ou mesmo a impossibilidade, de efetivo controle judicial, pois, pela motivação, é possível aferir a verdadeira intenção do agente.

Conforme ensina Di Pietro (2011, p. 212), "motivo é o pressuposto de fato e de direito que serve de fundamento ao ato administrativo e que a motivação é a exposição dos motivos, ou seja, é a demonstração, por escrito, de que os pressupostos de fato realmente existiram". Tal autora ainda exemplifica, dizendo que "[...] no ato de punição do funcionário, o motivo é a infração que ele praticou, no tombamento, é o valor cultural do bem, na licença para construir, é o conjunto de requisitos comprovados pelo proprietário; na exoneração do funcionário estável é o pedido por ele formulado" (Ibid., p. 212).

De acordo com o parágrafo 1º, art. 50, da Lei Federal nº 9.784/1994, "[...] a motivação deve ser explícita, clara e congruente, podendo consistir em declaração de concordância com fundamentos de anteriores pareceres, informações, decisões ou propostas, que, neste caso, serão parte integrante do ato". Portanto, para o processo administrativo, a motivação é obrigatória, sob pena de nulidade por vício de forma.

Diante desse arcabouço teórico, o qual nos apresenta o significado de ser servidor público e a legalidade a ser seguida pela comunidade acadêmica no que tange ao conjunto de normas de conduta, é que se levanta o seguinte problema de pesquisa: tem a Unioeste conhecimento sobre as principais causas que motivaram abertura de processos administrativos nos últimos seis anos em todas as suas unidades?

E, para responder ao problema de pesquisa, foram estabelecidos os seguintes objetivos: a) objetivo geral: levantar as causas que motivaram a instauração de processos administrativos no âmbito da Unioeste e detectar se elas são de ordem comportamental ou por falhas no exercício das funções; b) objetivos específicos: (i) levantar junto aos *campi* e à Reitoria todas as sindicâncias e todos os processos administrativos do período compreendido entre 2008 e 2013; (ii) analisar, pontuar e mapear os motivos da abertura dos respectivos processos; e (iii) propor sugestões de abordagens para mitigar os principais problemas encontrados.

Assim, esta pesquisa se justifica em razão da necessidade de serem conhecidas as causas motivadoras da abertura desses processos e, de posse dos resultados, propor política de recursos humanos no sentido de investir contra os principais problemas diagnosticados.

1 Procedimentos metodológicos

Para o professor Antônio Carlos Gil (1994, p. 27), tradicional autor brasileiro de livros sobre métodos e técnicas de pesquisa social, "[...] a ciência tem como objetivo fundamental chegar à veracidade dos fatos". É preciso, no entanto, determinar o método a ser utilizado para que esse conhecimento se torne científico. O autor define método como "[...] caminho para se chegar a determinado fim. E método científico como o conjunto de procedimentos intelectuais e técnicos adotados para atingir o conhecimento".

A pesquisa realizada é de natureza aplicada, o que, segundo Marconi e Lakatos (1996), também docentes especializados nessa área da metodologia da pesquisa científica, se caracteriza pelo seu interesse prático, ou seja, que os resultados sejam aplicados ou utilizados na solução de problema reais.

A pesquisa em questão é classificável como exploratória e descritiva — exploratória porque começou com uma revisão bibliográfica sobre temas que envolvem o objeto da pesquisa, e descritiva porque, de posse das sindicâncias e dos processos administrativos, procedeu-se às análises do período compreendido entre 2008 a 2013, procedimento que levantou as causas que ensejaram a abertura desses processos. Assim, os procedimentos técnicos utilizados foram os normalmente entendidos como sendo de pesquisa bibliográfica e documental.

A área científica é permeada de conflitos e de contradições. Então, indo ao encontro do exposto por Deslandes et al. (1994), se pode afirmar que o "[...] labor científico caminha sempre em duas direções: numa, elaborar suas teorias, seus métodos, seus princípios e estabelecer seus resultados; noutra, ratifica seu caminho, abandona certas vias e encaminha-se para certas direções privilegiadas" (DESLANDES et al., 1994, p. 12).

Para atingir os objetivos propostos nesta pesquisa foram mapeados todas as sindicâncias e todos os processos administrativos, sendo que, nesse primeiro momento, foram analisados e mapeados somente os processos administrativos do período compreendido entre 2008-2013. Na segunda fase de pesquisa serão analisados os processos relativos às sindicâncias instauradas no mesmo período.

2 Resultado e discussão

Nesta primeira etapa foram analisados 67 processos administrativos instaurados para apurar possíveis irregularidades cometidas por membros da comunidade acadêmica da Unioeste durante o período de 2008 a 2013.

Verificou-se a que categoria da comunidade acadêmica cada um dos processos se referia, concluindo-se que: (i) 52,23% se referiam a agentes universitários; (ii) 34,33% a docentes; (iii) 11,94% a alunos; e (iv) 1,5% envolviam duas categorias, sendo docentes e agentes universitários.

Na instauração de processos administrativos leva-se em consideração, para indicar os dispositivos supostamente violados, a Lei Estadual nº 6.174/1970 — Estatuto do Servidor Público do Paraná —, a regulamentação da Unioeste e o Código Disciplinar – Resolução nº 046/2008-COU. Percebe-se que, por vezes, na instauração, leva-se em consideração tanto o Código Disciplinar quanto o Estatuto do Servidor Público do Paraná, resultando em repetições dos dispositivos supostamente violados.

Diante disto, e para a apresentação dos resultados desta pesquisa, inicialmente foram agrupados os processos instruídos com vários dispositivos legais, mas idênticos entre si, no sentido de melhor organizar e apresentar o resultado correto quanto aos percentuais, priorizando o Código Disciplinar da Unioeste. Importante é registrar que a grande maioria dos processos indica mais de uma causa motivadora da instauração. Assim, o quantitativo de causas não é igual ao quantitativo de processos analisados, ou seja, 67, até porque nem sempre a indicação é de apenas um dispositivo violado.

Quanto aos agentes administrativos, os principais motivos encontrados que motivaram a instauração dos processos são infringência ao Código Disciplinar da Unioeste, em específico, infringência aos seguintes artigos e seus incisos: a) Artigo 9º: I – urbanidade; II - assiduidade; IV - boa conduta; VI - observância das normas legais, estatutárias e regulamentares e, b) Artigo 10: III - faltar às atividades sem causa justificada; VII - afastar-se, sem prévia autorização, de seus encargos ou atribuições; XIX - opor resistência imotivada ao andamento de processo ou execução de serviço; e XXX - abandono de cargo, na forma da lei.

Quanto aos docentes, o principal dispositivo apontado para a instauração de processos foi a infringência ao Código Disciplinar da Unioeste, em específico, infringência aos seguintes artigos e seus incisos: a) Artigo 9º: I - urbanidade; II - assiduidade; e III - pontualidade e, b) Artigo 10: III - faltar às atividades sem causa justificada; XXXVIII - proceder de modo a importunar a outrem ou a causar perturbação às atividades acadêmicas; I - falta de decoro para com a Universidade, para com membros da sua administração ou para com os órgãos que a compõem, ressalvando o direito de livre expressão, previstos em lei; e XVI - perturbar, ameaçar e ofender membros da comunidade acadêmica e/ou familiares, utilizando-se de recursos de informática ou de outros meios de comunicação.

No caso de docentes, além dos artigos do Código Disciplinar, também foram motivo de abertura de processo os artigos 58[12] e 272[13] do Estatuto dos Servidores Públicos do Paraná.

---

12 Art. 58. Considera-se regime de tempo integral o exercício da atividade funcional sob dedicação exclusiva, ficando o funcionário proibido de exercer cumulativamente outro cargo, função ou atividade particular de caráter profissional ou público de qualquer natureza. Parágrafo único. Não se compreendem na proibição deste artigo: I - o exercício em um órgão de deliberação coletiva, desde que relacionado com o cargo exercido em tempo integral. II – as atividades que, em caráter de emprego, se destinam à difusão e aplicação de ideias e conhecimentos, excluídas as que prejudiquem ou impossibilitem a execução das tarefas inerentes ao regime de tempo integral. III – a prestação de assistência não remunerada a outros serviços, visando à aplicação de conhecimentos técnicos ou científicos, quando solicitada através da repartição a que pertence o funcionário.

13 Art. 272. É vedada a acumulação remunerada, exceto: I – a de um cargo de Juiz e um de professor; II – a de dois cargos de professor; III – a de um cargo de professor e outro técnico ou científico; IV – a de dois cargos privativos de médico. § 1º Em qualquer dos casos, a acumulação somente é permitida quando haja correlação de matéria e compatibilidade de horário. § 2º A proibição de acumular se estende a cargos, funções ou empregos em autarquias, empresas públicas e sociedade de economia mista. § 3º A proibição de acumular proventos não se aplica aos aposentados, quando no exercício de mandato eletivo, cargo em comissão ou ao contrato para prestação de serviços técnicos ou especializados.

Com relação aos alunos, as principais infringências ao Código Disciplinar da Unioeste foram: a) Artigo 9º: IV - boa conduta; VI - observância das normas legais e, b) Artigo 10: XXXVII - apresentar, em nome próprio, trabalho que não seja de sua autoria.

Ainda no caso de discentes, além dos artigos do Código Disciplinar, outro motivo de abertura de dois processos foi a suposta violação ao artigo 32 do Edital 155/2010-GRE; ao artigo 17 do Regimento de Processo Seletivo para ingresso nos cursos de graduação - apresentação de declaração falsa, tratando-se de falsificação de documento público ou falsidade ideológica.

Conclui-se, assim, que as principais causas que ensejaram a instauração de processos administrativos contra membros da comunidade acadêmica foram de ordem comportamental. É importante frisar que a pesquisa se restringiu a levantar as causas, o que motivou a abertura de processos administrativos disciplinares, não tendo sido analisado o resultado dos processos, ou seja, não foi objeto desta pesquisa a comprovação da prática do ato irregular apontado.

Os processos analisados se referem a todas as Unidades da Unioeste, sendo: 4,4% da Reitoria, 8,8% do Câmpus de Cascavel, 31% do Câmpus de Foz do Iguaçu, 2,9% do Câmpus de Francisco Beltrão, 10% do Câmpus de Marechal Cândido Rondon, 15% do Câmpus de Toledo e 28% do Hospital Universitário.

Considerando que não houve pesquisa anterior na Unioeste sobre o tema, não há um indicativo que se possa usar para inferir se o quantitativo de processos abertos ou o percentual de cada Unidade é abusivo ou não.

Considerações finais

Nesta primeira etapa da pesquisa foram analisados somente os processos administrativos. Essa análise apontou um percentual de 0,5% de processos administrativos instaurados em comparação com o total de membros da comunidade acadêmica, isso ao longo dos seis anos acima delimitados.

A maior incidência de infrações foi de ordem comportamental, principalmente pela falta de boa conduta, urbanidade, conhecer e cumprir as normas internas, o que sugere que a instituição deva elaborar políticas de recursos humanos com foco voltado para a divulgação e orientação quanto à observação da legislação que regulamenta os direitos e deveres dos indivíduos inseridos na comunidade acadêmica da Unioeste.

Espera-se, ao final da pesquisa, estabelecer um diagnóstico fidedigno em relação aos motivos que ensejaram a abertura de procedimentos investigativos e disciplinares no período e, de posse desses dados, propiciar o estabelecimento de medidas que possibilitem investir contra os principais problemas diagnosticados, encaminhando-se para a implementação de políticas de gestão pública – sejam elas de gestão ou de recursos humanos – de forma contínua e eficaz.

REFERÊNCIAS

BASTOS, Celso Ribeiro. **Curso de direito administrativo**. 5. ed. São Paulo: Saraiva, 2001.

BRASIL. **Código Penal**. 5. ed. São Paulo, SP: Editora Revista dos Tribunais Ltda, 2003.

_____. **Constituição Federal**. 5. ed. São Paulo, SP: Editora Revista dos Tribunais Ltda, 2003.

_____. **Decreto Estadual 5792**, de 30 de agosto de 2012. Regulamenta o trâmite da sindicância, do processo administrativo disciplinar e a suspensão preventiva do servidor, nos termos da Lei nº 6.174/70. Publicado no D.O. nº 8788, de 30.08.2012.

_____. **Lei de Procedimento Administrativo**. Lei nº 9784, de 29 de janeiro de 1999. Estabelece normas básicas sobre o processo administrativo no âmbito da Administração Federal direta e indireta, visando, em especial, à proteção dos direitos dos administrados e ao melhor cumprimento dos fins da Administração.

_____. **Estatuto do Servidor Público do Paraná**. Lei Estadual nº 6174, de 20 de novembro de1970. Curitiba. 1970.

DESLANDES, Suely Ferreira et al. **Pesquisa social**: teoria, método e criatividade. MINAYO, Maria Cecília de Souza (Org.). Petrópolis, RJ: Vozes, 1994. 80 p.

DI PIETRO, Maria Sylvia Zanella. Direito administrativo – 24. ed. São Paulo: Atlas, 2011. p. 212.

FIGUEIREDO, Lucia Valle. **Curso de direito administrativo**, 7. ed. São Paulo: Malheiros Editores, 2004.

GASPARINI, Diogenes. **Direito administrativo**. 11. ed. São Paulo: Saraiva, 2006.

GIL, Antônio Carlos. **Métodos e técnicas de pesquisa social**. 4. ed. São Paulo: Atlas, 1994. 207 p.

MARCONI, Marina de Andrade; LAKATOS, Eva Maria. **Técnicas de pesquisa**. São Paulo. Atlas, 1966. 231 p.

MELLO, Celso Antônio Bandeira de. **Curso de administrativo**. 27. ed. São Paulo: Malheiros, 2010.

UNIOESTE. **Regimento Geral da Unioeste**. Resolução nº 028-COU, de 2 de abril de 2003.

UNIOESTE. **Código Disciplinar da Unioeste**. Resolução nº 046/2008-COU, de 2 de junho de 2008.

DIAGNÓSTICO DE EVASÃO NOS CURSOS DE GRADUAÇÃO DA UNIVERSIDADE ESTADUAL DO OESTE DO PARANÁ
– Unioeste – período de 2003 a 2013

Marines da Cruz Monteiro[14]
Roseli Aparecida Valera Paris[15]
Adriana Fátima Tavares[16]

Introdução

A Universidade Estadual do Oeste do Paraná – UNIOESTE – é uma Universidade Regional Multicampi, criada em dezembro de 1994, e abrange as regiões oeste e sudoeste do Estado do Paraná, com Câmpus nas cidades de Cascavel, Foz do Iguaçu, Francisco Beltrão, Marechal Candido Rondon e Toledo, além de um Hospital Universitário, situado na cidade que também é a sede da Reitoria, Cascavel.

A Unioeste oferece, anualmente, 2.449 mil vagas de graduação, originárias de 73 turmas de 34 cursos de graduação, distribuídos nos cinco *campi*. No ano de 2014, a Unioeste possuía 8.944 mil alunos de graduação matriculados.

Em análise ao quantitativo de vagas ofertadas anualmente pela Unioeste, e, comparando com o número de formandos, percebe-se que a instituição não tem formado profissionais no mesmo quantitativo de vagas ofertadas. No ano de 2009 formaram-se 62% dos ingressantes, 58% de formandos em 2010, 58% de formandos em 2011, 60% de formandos em 2012 e 57% de formandos em 2013.

Segundo dados do Instituto Nacional de Estudos e Pesquisas Educacionais Anísio Teixeira (INEP)[17], a evolução da matrícula de alunos

---

14 Universidade Estadual do Oeste do Paraná – Unioeste, Administradora, Mestre em Ciência da Informação
15 Universidade Estadual do Oeste do Paraná – Unioeste, Contadora. Especialista em Gestão Pública e Auditoria e Controladoria Interna
16 Universidade Estadual do Oeste do Paraná – Administradora, Especialista em Recursos Humanos e em Direito Administrativo.
17 Disponível em: <http://portal.inep.gov.br/web/censo-da-educacao-superior/evolucao>. Acesso em: 10 julh. 2014

em cursos de graduação no Brasil aumentou em 212% no período de 1991 a 2007, e o número de cursos, no mesmo período, aumentou 378%. Em contrapartida, não há muitos dados sobre o índice de evasão e respectivas causas, assim como não há um modelo-padrão para o cálculo de tal índice. Isso dificulta, ou até impossibilita, a comparação entre universidades, além de não existir, ainda, uma definição de indicador que possibilite determinar se o índice de evasão existente pode ser ou não considerado normal frente às motivações inerentes ao ser humano.

Este tema tem sido pauta de reuniões, de seminários e de fóruns entre dirigentes de universidades públicas e privadas em todo o Brasil e também no exterior. Preocupadas e interessadas no tema, após análise prévia do número de alunos matriculados nos cursos de graduação da Unioeste e da curiosidade com os números apresentados pelo INEP, nos últimos anos, surgiu o interesse do grupo PDA em quantificar números relativos à evasão de cada um dos cursos, e, a partir de tais dados, iniciar nova pesquisa acerca das causas da evasão. Diante dessas considerações, e, no intuito de provocar um debate mais aprofundado, levanta-se o seguinte problema de pesquisa: o índice de evasão de alunos dos cursos de graduação da Unioeste nos últimos 10 anos deve ser considerado preocupante ou não?

De acordo com Ristoff (1995), deve-se separar o que é evasão e o que é mobilidade. Para o autor, a evasão é o abandono do curso, enquanto que mobilidade é a migração do aluno para outro curso. A necessidade de diferenciar esses dois procedimentos estudantis, segundo Ristoff, está na definição de mobilidade como sendo a busca por outro curso em razão de motivos pessoais ligados ao processo de crescimento natural do indivíduo, enquanto a evasão compreende, de fato, a "fuga" do ensino superior.

Podemos fazer a reflexão, a partir do conceito desse autor, de que uma parcela de alunos contidos em alguns cálculos de evasão não se evadiu do ensino superior, mas apenas mudaram de curso, e que, portanto, deve-se definir e minerar corretamente os dados para não incorrer em inverdades no cálculo da evasão.

Para Lobo e Silva Filho et al. (2007), a evasão é a diferença entre os alunos matriculados e os que se formaram, ou ainda:

> A evasão anual média mede qual a percentagem de alunos matriculados num sistema de ensino, em uma IES, ou em um curso que, não tendo se formado, também não se matriculou no ano seguinte. Por exemplo: se uma IES tivesse 100 alunos matriculados em certo curso que poderiam renovar suas matrículas no ano seguinte, mas somente 80 o fizessem,

a evasão anual média no curso seria de 20%. E a evasão total mede o número de alunos que, tendo entrado num determinado curso, IES ou sistema de ensino, não obteve o diploma ao final de um certo número de anos. É o complemento do que se chama de índice de titulação. Por exemplo, se 100 estudantes entraram em um curso em determinado ano e 54 se formaram, o índice de titulação é de 54% e a evasão nesse curso é de 46%. (LOBO E SILVA FILHO et al., 2007, p. 642).

O Ministério da Educação define evasão como:

> [...] o abandono de cursos antes de sua conclusão, resultante de uma decisão do aluno com base nas suas próprias motivações, dificuldades financeiras e decisões de ordem pessoal ou de uma combinação de fatores escolares: Estruturas curriculares e métodos pedagógicos que falham em despertar o interesse. (MEC/SESU, 1996, p. 12).

A evasão pode resultar tanto de aspectos da vida acadêmica como pessoal dos alunos, como dificuldade financeira, distância da família, incerteza com relação à escolha do curso, entre outros. De acordo com Carvalho e Tafner (2006), as principais causas de evasão são:

> [...] a) dificuldades financeiras dos alunos, que exigem trabalho simultâneo ao estudo ou impedem a permanência dos alunos nos cursos pagos; b) a má preparação do segundo grau que provoca dificuldades para o acompanhamento acadêmico dos cursos (causa pouco assumida pelos alunos); c) a idade dos alunos que, por serem jovens, não possuem maturidade suficiente para escolher o curso e a formação e também o casamento e os filhos que interrompe a formação superior, especialmente para as mulheres; d) as greves e a qualidade dos cursos. (CARVALHO; TAFNER, 2006, p. 9).

As pesquisas sobre evasão coordenadas pelo Ministério da Educação se aprofundaram a partir de 1995 com a instituição de uma Comissão Especial de Estudos sobre Evasão, mediante a Portaria do SESu/MEC. O objetivo fixado foi o de desenvolver um estudo sobre o desempenho das Instituições Federais de Ensino Superior. O estudo foi concluído em outubro de 1996, e apresentou um conjunto significativo de dados quantitativos sobre o desempenho das IFES. Os dados referem-se aos índices de diplomação, de retenção e de evasão em seus cursos de graduação.

Segundo Almeida (2000, p. 62), "[...] o pior de todas as doenças da universidade brasileira é a ausência de uma visão estratégica na formulação de suas políticas institucionais, se é que existe alguma política cientificamente formulada. Essa doença poderá levá-la à morte prematura".

Na Unioeste, não há registro de um estudo de evasão de todos os cursos de graduação ou definição de metodologia a ser utilizada para cada curso. Nesse sentido, a presente pesquisa, que não está encerrada, apresenta o panorama de evasão ocorrida na Unioeste nos últimos dez anos. A partir dos dados levantados espera-se subsidiar planejamento e estratégias de redução do índice de evasão e, consequentemente, promover a criação de programas de permanência. Para tanto, é necessário o levantamento das causas da desistência dos alunos quanto aos cursos escolhidos para matrícula.

A presente pesquisa apresenta os dados de evasão resultantes de abandono, cancelamento e transferência externa. Neste momento, porém, não serão apresentados os dados relativos às causas da desistência, pois esta pesquisa será aplicada a partir do ano de 2015, quando tentar-se-á encontrar esses alunos e, então, levantar as motivações da evasão.

1 Procedimentos metodológicos

Para responder o problema de pesquisa estabelecido definiu-se como objetivo geral pesquisar os dados e calcular os índices de evasão dos últimos dez anos (2003 a 2013) nos cursos de graduação da UNIOESTE.

Em termos específicos, esta pesquisa espera:
(i) identificar o índice de evasão de todos os cursos de graduação da Unioeste;
(ii) pesquisar índices de evasão de cursos ocorrida no mesmo período em outras instituições similares à Unioeste a fim de compará-los;
(iii) elaborar um diagnóstico quantitativo de evasão dos cursos de graduação da Unioeste no período de 2003 a 2013.

Para a classificação desta pesquisa, toma-se como base a taxinomia apresentada por Vergara (1990), que a qualifica em relação a dois aspectos: quanto aos fins e quanto aos meios.

Quanto aos fins, a presente pesquisa é classificada como exploratória e descritiva. É exploratória porque, embora o tema "evasão" esteja sendo alvo de diversos seminários e reuniões entre dirigentes de instituições de ensino superior, ainda não há muita publicação na área, e inexiste uma metodologia padrão para o cálculo de índices do tema em pauta.

É também descritiva, uma vez que visa descrever a motivação que leva os alunos dos cursos de graduação a se evadirem de seus cursos e da Unioeste. Registra-se que esta fase da pesquisa será realizada no ano de 2015 no que tange à evasão do ano de 2014, uma vez que não há registro das causas da evasão do período estudado. E, conforme Gil (2002, p. 42), a pesquisa descritiva "[...] tem como objetivo primordial a descrição das características de determinada população ou fenômeno ou, então, o estabelecimento de relação entre variáveis".

Quanto aos meios, a pesquisa é bibliográfica, documental e de estudo de caso. A classificação como pesquisa bibliográfica decorre do fato de ser realizada mediante revisão da literatura para identificar o conceito de evasão e a existência de trabalhos publicados nessa área que possibilitem a comparação dos dados levantados com outras universidades. A classificação como pesquisa documental decorre do fato de que foram examinados os relatórios extraídos do Sistema de Gestão Acadêmica (ACADEMUS) para quantificar o número de alunos evadidos. Os relatórios analisados foram: GR13, GR15, GR41, GR133 e GR73. Por fim, esta pesquisa é também caracterizada como um estudo de caso por se restringir a uma única organização, a Unioeste, e num corte temporal relativo ao período de 2003 a 2013.

No contexto desta pesquisa, o fenômeno denominado "evasão" é entendido como a saída do aluno do curso em que se encontrava matriculado antes de concluí-lo, ou seja, alunos evadidos são aqueles cujos registros indicam situações de abandono, cancelamento e transferência externa. O cálculo considerou o aluno individualmente desde o seu ingresso até a sua conclusão ou desistência e a fórmula utilizada foi:

Evasão = Cancelamento de matrícula (+) Abandono (+) Transferência / total de ingressos

É importante registrar que o índice de evasão dos ingressantes nos anos de 2008 a 2013 poderá sofrer alteração nas próximas pesquisas, pois observa-se a existência de alunos na situação de ativos[18], uma vez que ainda não findou o tempo mínimo ou máximo de integralização do curso desta população.

---

18 Por alunos ativos compreende-se aqueles que estão cursando regularmente o curso dentro do tempo de integralização, seja no tempo mínimo ou máximo.

2 Resultado e discussões

A fórmula utilizada para o cálculo de evasão apresentada no XXV Encontro do Fórum de Pró-Reitores de Graduação das Universidades Brasileiras da Região Sudeste em 2012, assim como a fórmula do Instituto Lobo, não levam em consideração a matrícula do ingressante no primeiro ano do curso até sua conclusão. As fórmulas utilizadas são:
  a) XXV FORGRAD: Evasão = 1 - Concluintes (N) / Ingressantes (N - 3)
  b) Instituto Lobo: $E(n) = 1 - [M(n) - I(n)] / [M(n-1) - C(n-1)]*100$

Conforme Lobo e Silva Filho (2012):

> Não há fórmula ideal, porque o cálculo da evasão depende dos critérios e das metodologias adotadas. O importante é adotar um critério e metodologia que não variem significativamente no tempo para que todos possam, de forma transparente e com a metodologia e critérios adotados de conhecimento público, qualquer que sejam eles, acompanhar a evolução no tempo dos resultados identificando as tendências históricas do fenômeno sem riscos de erros substanciais. (LOBO E SILVA FILHO, 2012, p. 4).

Partindo-se desse pressuposto e considerando que, na Unioeste, há um Sistema de Gestão Acadêmica que fornece os dados de alunos de forma clara e precisa, aplicou-se a fórmula apresentada no item 2, "Procedimentos Metodológicos", tendo sido obtidos os índices constantes da Tabela 1.

Tabela 1 – Evasão Total na Unioeste no Período de 2003 a 2013

ANO	CÂMPUS DE CASCAVEL	CÂMPUS DE FOZ DO IGUAÇU	CÂMPUS DE FRANCISCO BELTRÃO	CÂMPUS DE MARECHAL CÂNDIDO RONDON	CÂMPUS DE TOLEDO	TOTAL DA UNIOESTE
	%	%	%	%	%	%
2003	33	40	39	33	50	38
2004	38	43	41	38	52	42
2005	35	37	42	39	46	39
2006	32	40	42	38	55	40
2007	33	43	43	40	52	41
2008	30	42	39	39	41	37

continua...

continuação

ANO	CÂMPUS DE CASCAVEL	CÂMPUS DE FOZ DO IGUAÇU	CÂMPUS DE FRANCISCO BELTRÃO	CÂMPUS DE MARECHAL CÂNDIDO RONDON	CÂMPUS DE TOLEDO	TOTAL DA UNIOESTE
2009	33	38	38	37	44	37
2010	27	36	35	32	12	25
2011	22	37	35	22	40	29
2012	13	26	26	21	34	22
2013	12	18	20	20	28	18

Fonte: Elaborada pelos autores.

A média de evasão da Unioeste no período de 2003 a 2008 é de 39,5%, e, nos anos de 2009 a 2013, é de 26,4%. Assim, o índice de evasão média do período de 2003 a 2013 de cada um dos *campi* da Unioeste é de 28% no Câmpus de Cascavel; 32% no Câmpus de Foz do Iguaçu; 36% no Câmpus de Francisco Beltrão; 32% no Câmpus de Marechal Cândido Rondon e 41% no Câmpus de Toledo, conforme consta da Tabela 2.

Tabela 2 – Índice de Evasão da Unioeste por Centro e por Câmpus

ANO	CASCAVEL[6]						FOZ DO IGUAÇU				FRANCISCO BELTRÃO			MARECHAL CÂNDIDO RONDON				TOLEDO			
	CCSA	CCBS	CCMF	CECA	CCET	TOTAL	CEL	CECE	CCSA	TOTAL	CCH	CCSA	TOTAL	CCA	CCHEL	CCSA	TOTAL	CCHS	CECE	CCSA	TOTAL
	%	%	%	%	%	%	%	%	%	%	%	%	%	%	%	%	%	%	%	%	%
2003	41	17	23	33	51	33	36	43	31	40	33	46	39	23	30	28	33	50	59	38	50
2004	41	32	32	44	55	38	36	55	37	43	41	41	41	22	35	34	38	55	59	32	52
2005	43	24	18	32	51	35	26	53	27	37	38	45	42	23	48	30	39	56	47	32	46
2006	50	20	10	24	46	32	38	47	36	40	39	45	42	11	46	34	38	70	50	42	55
2007	43	20	20	42	48	33	33	51	44	43	35	50	43	20	48	29	40	64	47	41	52
2008	37	24	15	47	40	30	42	43	43	42	31	46	39	13	54	30	39	48	44	31	41
2009	34	28	27	43	41	33	34	45	36	38	36	41	38	22	52	32	37	55	52	28	44
2010	21	20	10	43	45	27	38	42	34	36	30	45	35	24	43	21	32	61	32	12	12

continua...

continuação

ANO	CASCAVEL[6]						FOZ DO IGUAÇU				FRANCISCO BELTRÃO			MARECHAL CÂNDIDO RONDON				TOLEDO			
	CCSA	CCBS	CCMF	CECA	CCET	TOTAL	CEL	CECE	CCSA	TOTAL	CCH	CCSA	TOTAL	CCA	CCHEL	CCSA	TOTAL	CCHS	CECE	CCSA	TOTAL
	%	%	%	%	%	%	%	%	%	%	%	%	%	%	%	%	%	%	%	%	%
2011	30	15	18	20	35	22	32	44	37	37	33	36	35	16	30	14	22	38	39	42	40
2012	14	11	8	16	24	13	36	27	21	26	30	28	26	18	29	19	21	37	39	26	34
2013	6	13	10	14	20	12	15	18	25	18	21	30	20	13	23	16	20	41	21	23	28
Média 2003/2013																					
	33	20	17	33	41	28	33	43	34	36	33	41	36	19	40	26	33	52	44	31	41

Fonte: Elaborada pelos autores.

O Centro de Ciências Humanas e Sociais do Câmpus de Toledo apresenta o maior índice médio de evasão, com 52%, e o Centro de Ciências Médicas e Farmacêuticas, do Câmpus de Cascavel, apresenta o menor índice, que é 17%, conforme se pode observar na Tabela 2. Com relação aos cursos, o maior índice de evasão é do Curso de Matemática, do Câmpus de Foz do Iguaçu, com 64%, e o menor índice é o Curso de Medicina, do Câmpus de Cascavel, com 5%. [19]

Considerações finais

No intuito de comparar os índices encontrados com uma instituição semelhante à Unioeste, buscou-se dados da Universidade Estadual de Londrina (UEL), a qual disponibiliza em sua página oficial na internet um estudo sobre evasão, o qual compreende o período de 2003 a 2008. Na UEL, a taxa média de evasão é de 23,5%. Portanto, considerando-se esse mesmo período de 2003 a 2008, fica claro que o índice da UEL é inferior ao da Unioeste que, nesse período, teve taxa média de evasão de 39,5%.

---

19   O Câmpus de Cascavel congrega cinco centros: Centro de Ciências Sociais Aplicadas (CCSA), Centro de Ciências Biológicas e da Saúde (CCBS), Centro de Ciências Médicas e Farmacêuticas (CCMF), Centro de Educação, Comunicação e Artes (CECA), Centro de Ciências Exatas e Tecnológicas (CCET). O Câmpus de Foz do Iguaçu congrega três centros: Centro de Educação, Letras e Saúde (CELS), Centro de Engenharia e Ciências Exatas (CECE), Centro de Ciências Sociais Aplicadas (CCSA). O Câmpus de Francisco Beltrão também congrega três centros: Centro de Ciências Sociais Aplicadas (CCSA), Centro de Ciências Humanas (CCH) e o Centro de Ciências da Saúde (CCS). O Câmpus de Marechal Candido Rondon congrega, igualmente, três centros: Centro de Ciências Agrárias (CCA), Centro de Ciências Humanas, Educação e Letras (CCHEL) e o Centro de Ciências Sociais Aplicadas (CCSA). Por fim, o Câmpus de Toledo também congrega três centros: Centro de Ciências Humanas e Sociais (CCHS), Centro de Ciências Sociais Aplicadas (CCSA) e o Centro de Engenharia e Ciências Exatas (CECE).

Os índices das universidades brasileiras informados pelo Instituto Lobo, com base nos dados disponíveis no site do INEP, estão dispostos na Tabela 3:

Tabela 3 – Evasão das Instituições de Ensino Superior Brasileiras

ANO	2004	2005	2006	2007	2008	2009	2010
% EVASÃO	24,31%	21,54%	21,73%	22,04%	22,25%	20,60%	15,11%

Fonte: Instituto Lobo (adaptada pelos autores).

A evasão média da Unioeste é superior à taxa média da UEL, e, considerando os dados do Instituto Lobo, é também superior à média nacional.

A partir dos dados quantitativos levantados nesta pesquisa, pretende-se, em sua continuidade, conhecer as causas que motivam a evasão dos alunos, pois, somente de posse delas é que será possível à instituição traçar estratégias para a redução do índice de evasão dos alunos da Unioeste. Para traçar essas estratégias, segundo Tinto (apud LOBO, 2012), "É preciso dar ênfase à construção de um apoio social e educacional da comunidade que envolva os estudantes nas ações de aprender".

Em análise ao índice de evasão do ano de 2013, que é de 18%, referente ao primeiro ano dos cursos de graduação da Unioeste, percebe-se que o aluno precisa de acompanhamento, principalmente durante o primeiro e segundo ano dos seus cursos.

REFERÊNCIAS

ALMEIDA, E. P. A universidade como núcleo de inteligência estratégica. In: MEYER, Victor; MURPHY, J. Patrick (Orgs.). **Dinossauros, gazelas & tigres** - novas abordagens da administração universitária — um diálogo Brasil e EUA. Florianópolis: Insular, 2000.

LOBO, Maria Beatriz de Carvalho Melo. Panorama da evasão no ensino superior brasileiro: aspectos gerais das causas e soluções. **ABMES, Cadernos nº 25**, 2012. Disponível em: <http://www.institutolobo.org.br/imagens/pdf/artigos/art_087.pdf>. Acesso em: 18 julh. 2015.

GIL, Antônio Carlos. **Métodos e técnicas de pesquisa social**. 4. ed. São Paulo: Atlas, 1994.

LOBO E SILVA FILHO, Roberto Leal. et al. A evasão no Ensino Superior brasileiro. **Cadernos de Pesquisa**, v. 37, n. 132, set./dez. 2007. Disponível em: <http://www.institutolobo.org.br/paginas/artigos.php?v=1>. Acesso em: 18 julh. 2015.

CARVALHO, M; TAFNER, Paulo. Ensino Superior Brasileiro: a evasão dos alunos e a relação entre formação e profissão. GT 06 – EDUCAÇÃO E SOCIEDADE 30º encontro anual da ANPOCS, 24 a 28 de outubro de 2006. Disponível em: <http://portal.anpocs.org/portal/index.php?option=com_docman&task=doc_view&gid=3251&Itemid=232>. Acesso em: 18 julh. 2015.

RISTOFF, Dilvo. **Evasão:** exclusão ou mobilidade. Santa Catarina: UFSC, 1995 (MIMEO).

VERGARA, S. C. **Projetos e relatório de pesquisa em administração**. São Paulo: Atlas, 1998.

DIVULGAÇÃO DOS CURSOS DA UNIOESTE DE TOLEDO

Marli Kunzler de Lima[20]
Anna Puebla Vitkoski Fagotti[21]
Eliane Becker[22]
Dirce Inês Simon Hahn Hagemann[23]
Cátia Silene Maciel Ferreira[24]
Lisângela Birck[25]

1 Introdução

O projeto "Unioeste Câmpus de Toledo: Universidade Pública, Gratuita e de Qualidade" é desenvolvido no âmbito do Plano de Desenvolvimento dos Agentes Universitários (PDA). Ele é composto por um grupo de Agentes que busca a divulgação dos cursos de graduação do Câmpus de Toledo para os alunos de terceiros anos do Ensino Médio dos Colégios Estaduais deste município. O grupo objetiva, com isso, aumentar a procura pelos ingressantes nestes cursos e também promover ações de visibilidade institucional.

O público alvo escolhido foi direcionado às pessoas que estão se preparando para o vestibular, por se tratar de um universo de indivíduos diretamente interessados em ingressar no ensino superior, o que pressupõe maior interesse em conhecer as opções de cursos da Universidade para, então, oportunizar maior leque de oportunidades e uma escolha satisfatória para sua carreira profissional.

O trabalho foi desenvolvido por meio do levantamento bibliográfico acerca da criação da Unioeste Câmpus de Toledo, seguido de um levantamento documental acerca do público matriculado nos Cursos de Graduação por ela ofertados.

---

20 Especialista, Universidade Estadual do Oeste do Paraná - Câmpus de Toledo, marli.lima@unioeste.br
21 Especialista, Universidade Estadual do Oeste do Paraná – Câmpus de Toledo, annapuebla@gmail.com
22 Especialista, Universidade Estadual do Oeste do Paraná – Câmpus de Toledo, eliane.becker@unioeste.br
23 Ensino Superior, Universidade Estadual do Oeste do Paraná – Câmpus de Toledo, dirce.hagemann@hotmail.com
24 Ensino Superior, Universidade Estadual do Oeste do Paraná – Câmpus de Toledo, catia.ferreira@unioeste.br
25 Ensino Superior, Universidade Estadual do Oeste do Paraná – Câmpus de Toledo, lisangela.birck@unioeste.br.

A equipe envolvida no projeto visitou 11 Colégios Públicos Estaduais, pertencentes ao Núcleo Regional de Educação, do Município de Toledo. Tal escolha se justifica, pois ao analisarmos a Sumarização do Questionário Socioeducacional dos Matriculados por Câmpus na Unioeste, referente ao Concurso Vestibular 2014, constatou-se que 71,90% dos alunos matriculados nos Cursos de Graduação oferecidos pelo Câmpus de Toledo cursaram todos os anos do ensino médio em escola pública.

Realizamos a divulgação dos Cursos de Graduação em 11 Colégios estaduais, onde foram aplicados questionários utilizando a técnica de amostragem estratificada, pois nesse método a população é separada por meio da criação de grupos para os elementos com características semelhantes, no caso, alunos de terceiros anos que irão prestar vestibular.

Conforme Coutinho [2002]:

> Esta técnica de amostragem usa informação existente sobre a população para que o processo de amostragem seja mais eficiente. A lógica que assiste à estratificação de uma população é a de identificação de grupos que variam muito entre si no que diz respeito ao parâmetro em estudo, mas muito pouco dentro de si, ou seja, cada um é homogêneo e com pouca variabilidade. (COUTINHO, [2002] p. 02).

O público atingido é de aproximadamente 704 alunos e a amostra total é constituída de 212 estudantes o que corresponde a (30%) dos seguintes Colégios Estaduais: Ayrton Senna da Silva, Antonio José Reis, Dario Vellozo, Esperança Covatti, Jardim Porto Alegre, João Cândido Ferreira, Senador Attílio Fontana, Jardim Maracanã, Jardim Europa, Luiz Augusto Moraes Rego e Novo Horizonte.

2 Universidade e sociedade

A universidade é uma instituição de ensino, de formação de profissionais de nível superior e tem como objetivo prover o ensino superior de excelência. O papel da Universidade ganha importância no meio estudantil, visto que a globalização e a era da informação estão presentes, cada vez mais, na evolução do conhecimento e da ciência de um modo geral. Soares (apud ALVARENGA; SALES; COSTA, 2012) aponta que,

Apesar de haver ocorrido na década de 90 um significativo aumento de vagas no vestibular na rede pública de ensino, foi na rede privada que ele atingiu o maior percentual de aumento: 147,9%. Tal fato indica que um significativo número de jovens não tem acesso ao ensino público e gratuito, restando-lhe somente a opção de pagar seus estudos de nível superior. A rede privada, desde 1990, oferece, aproximadamente, 70% das vagas no vestibular e, o conjunto da rede pública, 30% (SOARES, 2002 apud ALVARENGA; SALES; COSTA, 2012, p. 56).

Em se tratando de uma Universidade pública, multicampi, gratuita e de qualidade e com uma política voltada para o desenvolvimento humano, científico, tecnológico e regional, busca também a valorização e o desenvolvimento dos Agentes Universitários por meio da execução de projetos. Desta forma, o trabalho deste grupo de Agentes Universitários busca contribuir para o desenvolvimento da Instituição e principalmente do Câmpus de Toledo, onde encontramos, atualmente, nove cursos de graduação na modalidade de bacharel e licenciatura, todos implantados na década de 1980/90, sendo eles: Engenharia Química (1995), Engenharia de Pesca (1997), Ciências Econômicas (1980), Ciências Sociais (1998), Filosofia (1980), Secretariado Executivo (1986), Serviço Social (1986) e Química – Bacharel e Licenciatura (1998) (UNIOESTE, 2014b). Conta ainda com programas de Pós-Graduação *Stricto Sensu*, nas seguintes áreas: Filosofia, Ciências Sociais, Economia, Desenvolvimento Regional e Agronegócio, Serviço Social, Bioenergia, Engenharia Química, Engenharia de Pesca e Ciências Ambientais.

As universidades públicas se destacam pela autonomia científica e pedagógica, corpo docente qualificado e com dedicação exclusiva ao trabalho, no entanto, dependem de recursos financeiros do Estado. Para Chauí (2003, p. 05), o conceito de universidade se define a uma instituição social, ou seja, está relacionada com a forma como a sociedade está estruturada em seu modo de funcionamento com um todo.

A concepção de universidade que persistia até meados do século XX, era de uma instituição republicana, portanto, pública e laica. A partir dos movimentos sociais, com lutas sociais, concebeu-se uma política de que a "educação e a cultura passaram a ser concebidas como constituídas da cidadania e, portanto, como direito dos cidadãos" (CHAUÍ, 2003, p. 05).

Atualmente, encontramos dificuldades na definição de universidade, permeadas por várias dificuldades, como falta de estrutura, recursos financeiros, desmotivação dos agentes universitários, docentes e acadêmicos, o que caracteriza falta de perspectivas para o futuro. E segundo Santos

(2010, p.46), há uma busca constante pela sua legitimidade, reflexos de um estado neoliberal, no qual houve uma redução do compromisso político com as universidades públicas, e estas convertidas em bem público, não contam com exclusividade assegurada pelo Estado.

Segundo Alvarenga, Sales e Costa (2012, p.58), os dados do Censo da Educação Superior (MEC/INEP, 2010), o número de universidades públicas cresceu nos anos de 2008 e 2009, em torno de 3,8%. No entanto as universidades privadas ocupam 89,4% do total das universidades, "[...] o que dificulta o ingresso dos alunos, oriundos do ensino público à universidade pública [...]," (Ibid, p. 58) devido ao grande número de candidatos que procuram as poucas vagas oferecidas.

Já nos países desenvolvidos, como França e Reino Unido, onde é implementada uma política para o desenvolvimento do país, caracterizada também através da educação, a maioria dos estudantes encontra-se nas universidades públicas, "[...] chegando a 92,08% na França e a 99,9% no Reino Unido [...]" (SILVA, et al [1998], p. 07).

Embora, as universidades públicas no Brasil, mesmo com uma estrutura física sucateada, por falta de recursos públicos, plano de carreira profissional adequado, o que gera greves de docentes ou agentes universitários, ainda se destacam por serem reconhecidas como responsáveis "pelos melhores cursos de graduação e pós-graduação e pela quase totalidade da pesquisa científica e tecnológica do Brasil (SILVA, et al [1998], p. 01).

No entanto, as universidades públicas sofrem um dilema e, nesse sentido, é quando (Chauí, (2003), p. 11) nos relata que "precisamos buscar uma nova perspectiva para a Universidade Pública, para que o Estado não continue tomando a educação como um gasto público e sim como investimento social e político". Portanto, a educação pública como um todo precisa ser reconhecida e requerida pela sociedade como um direito social e de qualidade, e não como privilégio ou prestação de serviço.

Ao analisarmos a cidade de Toledo, também encontramos em maior número, as universidades privadas. Pelo cadastro do Ministério da Educação (BRASIL, 2014), as Instituições de Ensino Superior que são reguladas e supervisionadas pelo Conselho Estadual de Educação, são nove universidades privadas[26], e somente duas universidades públicas[27].

---

26   Universidades privadas: Universidade Paranaense - Unipar (1993), Faculdade Sul Brasil – Fasul (2000), Pontifícia Universidade Católica do Paraná – PUCPR (2003), Universidade Norte do Paraná – Unopar, Faculdade de Tecnologia Senai Toledo, Centro Universitário Internacional – Uninter, Universidade Anhembi Morumbi – UAM, Universidade Paulista – Unip, Universidade Salvador – Unifacs.
27   Universidades públicas: Unioeste (1980) e a Universidade Tecnológica Federal do Paraná – UTFPR (2007).

Na cidade de Toledo, a Unioeste[28] teve sua origem com a criação da Fundação Municipal de Ensino Superior de Toledo – FUMEST, através da Lei Municipal nº 989/80, de 23 de janeiro de 1980. E, em abril do mesmo ano, foi criada a Faculdade de Ciências Humanas Arnaldo Busato – FACITOL, com a autorização e implantação dos cursos de graduação, Ciências Econômicas e Filosofia, pelos Decretos nº 85.053/80 e 85.054/80, ambos de 19 de agosto de 1980.

Trata-se de uma instituição autárquica, portanto, pública, sem fins lucrativos e de qualidade, com uma política de desenvolvimento para o ensino, pesquisa e extensão, e tem como missão,

> [...] produzir, sistematizar e socializar o conhecimento, contribuindo com o desenvolvimento humano, científico, tecnológico e regional, comprometendo-se com a justiça, a democracia, a cidadania e a responsabilidade social (UNIOESTE/PDI 2013-2017, 2013a, p. 21a).

Em relação ao desenvolvimento de ensino, pesquisa e extensão, este é o tripé que constitui o eixo da Universidade brasileira e não pode ser compartimentado. O artigo 207, da Constituição Federal de (1988) dispõe que "as universidades [...] obedecerão ao princípio da indissociabilidade entre ensino, pesquisa e extensão". Portanto, são três dimensões que devem ser tratadas igualmente dentro do ensino superior.

Conforme Martins (2004, p. 5), o que pressupõe o ensino são os processos de transmissão de conhecimento do saber historicamente sistematizado. Em relação à pesquisa, são processos de construção do saber e, a extensão pressupõe a materialização desses conhecimentos junto à sociedade, intervindo sobre a realidade. Esses são aspectos que a nossa universidade sempre esteve atenta e exerce com a maior competência possível, pois a grande maioria de nossos professores são doutores e pesquisadores e, além disso, também atuam em sala de aula.

Isto se concretizou nos últimos anos, quando a Unioeste tem se destacado na classificação geral das melhores Universidades existentes em todo o Brasil, resultado de uma instituição de excelência na

---

28 A Universidade Estadual do Oeste do Paraná - Unioeste é resultado da congregação das faculdades municipais isoladas (FECIVEL, 1972), em Foz do Iguaçu (FACISA, 1979), em Marechal Cândido Rondon (FACIMAR, 1980) e em Toledo (FACITOL, 1980). É uma universidade formada por 05 Campi (multicampi), localizados na cidade de Cascavel, Foz do Iguaçu, Francisco Beltrão, Marechal Cândido Rondon e Toledo. Obteve seu reconhecimento como Universidade por meio da Portaria Ministerial nº 1784-A, de 23 de dezembro de 1994, e do Parecer do Conselho Estadual de Educação nº 137/94 (UNIOESTE 2014a).

produção e socialização do conhecimento, com uma autonomia didático-científica, voltada para o ensino, pesquisa e extensão. Pelo Ranking Universitário Folha de 2014[29], na Folha de São Paulo, a Unioeste encontra-se na 50° na classificação geral e, de acordo com o Sistema Nacional de Avaliação da Educação Superior (SINAES), a UNIOESTE é a segunda melhor universidade do Paraná, com conceito 4 (empatada com a UEL) e o Índice Geral de Cursos de 3,64.

Para oportunizar o ingresso dos estudantes, oriundos das escolas públicas nos cursos da Graduação e para preencher todas as vagas, a Unioeste aderiu em 2013 ao Sistema de Seleção Unificada (SISU), que foi aprovado pela Resolução nº 133/2013 – CEPE[30], de 01 de agosto de 2013 (UNIOESTE, 2014). A partir de então, 50% das vagas dos ingressantes são preenchidas por concurso vestibular e 50% pelo SISU.

O SISU é um sistema informatizado e gerenciado pelo Ministério da Educação, no qual somente universidades públicas que aderiram, oferecem vagas para candidatos que realizaram a prova do Exame Nacional do Ensino Médio (ENEM), não sendo necessária a realização do concurso vestibular. No SISU, a seleção é feita somente com a nota do ENEM, onde o candidato tem a possibilidade de inscrever-se em até dois cursos de graduação.

3 O projeto em ação

No decorrer das apresentações dos cursos de graduação da Unioeste Câmpus de Toledo nas escolas estaduais, foram informadas a modalidade, o turno, a duração e o número de vagas. Relatou-se as diversas possibilidades de atuação profissional, bem como o perfil profissional de cada curso. Para tanto, procedeu-se o processo de pesquisa de material disponível, como folders, páginas eletrônicas, Projetos Políticos Pedagógicos, entre outros. A equipe de trabalho fez uma consulta junto aos coordenadores de cada curso para colaborar com as informações e, também, para estarem cientes deste trabalho de divulgação. Foram divulgadas, ainda, aos alunos dos colégios, outras oportunidades que

---

29 Ranking Universitário Folha é uma avaliação anual do ensino superior do Brasil feita pela **Folha** desde 2012 e Instituto Nacional de Estudos e Pesquisas Educacionais Anísio Teixeira (Inep) Dezembro de 2014.
30 Conselho de Ensino, Pesquisa e Extensão (CEPE) - órgão superior deliberativo, normativo e consultivo em matéria referente ao ensino, à pesquisa e à extensão, constituído nos termos do art. 17 do Estatuto da Unioeste (Res. 017/99-COU).

terão dentro da universidade pública, tais como: participação em projetos de iniciação científica, participação no Programa Institucional de Bolsa de Iniciação à Docência - PIBID, realização de tutorias, monitorias, intercâmbios, participação em eventos, entre outros com possibilidades de bolsas.

A partir de reuniões e avaliações no decorrer dos trabalhos do grupo, sentimos a necessidade de apresentar aos estudantes, a diferença entre Licenciatura e Bacharelado. Em relação aos cursos de Licenciatura, o Ministério da Educação define da seguinte forma:

> [...] trata-se de um título acadêmicos obtido em curso superior que faculta ao seu portador o exercício do magistério na educação básica dos sistemas de ensino, respeitadas as formas de ingresso, o regime jurídico do serviço público ou a Consolidação das Leis do Trabalho (CLT) (BRASIL, 2001, s/p.).

Em relação aos cursos de Bacharelado, conforme pesquisa realizada nas páginas eletrônicas oficiais de Educação e suas diretrizes curriculares, percebe-se que para cada curso, são emitidas Resoluções com especificidades próprias que irão formar perfis profissionais diferentes em determinadas áreas. Nestes documentos são relacionadas às exigências, as estruturas e pressupostos, competências e habilidades (BRASIL, MEC, 2007).

Informou-se, ainda, sobre as formas de ingresso (SISU e Vestibular), o cronograma das inscrições e das provas do concurso vestibular 2015. Deixando claro que a Unioeste é pública, gratuita (sem mensalidades), bem como, sobre a existência dos cursos de Pós-Graduação deste Câmpus, ressaltando o diferencial que a instituição oferece na vida profissional do egresso.

4 Resultados e novos desafios

A partir dos questionários aplicados pela modalidade amostragem a 30% do público alvo, os resultados encontrados foram:

Quadro 1 – Resultado da Ficha de Avaliação

RESULTADO DA FICHA DE AVALIAÇÃO		
Pergunta	Resultado (%)	Resposta
Antes deste trabalho de divulgação, você já conhecia os Cursos de Graduação oferecidos pela Unioeste Câmpus de Toledo?	40	Pouco
Você já definiu o Curso que irá prestar vestibular?	21	tenho dúvidas
Antes deste trabalho de divulgação, você já conhecia as formas de ingresso na Universidade: Vestibular/SISU/Cotas?	-	Pouco
Este trabalho de divulgação contribuiu para o esclarecimento a respeito dos Cursos oferecidos pela Unioeste Câmpus de Toledo?	84	Contribuiu muito
Como você classifica a apresentação dada pelo grupo:	58	Ótima
Total de alunos por amostragem	212	

Fonte: Elaborado pelos autores.

Observa-se que quarenta por cento (40%) do público alvo conheciam pouco os cursos de Graduação ofertados pela Unioeste Câmpus de Toledo, que vinte e um (21%) do público alvo ainda tinham dúvidas sobre a definição do curso para o qual prestariam o vestibular. E ainda, a maioria dos estudantes respondeu que conhece pouco sobre as formas de ingresso na Universidade: Vestibular/SISU/Cotas.

Cerca de oitenta e quatro (84%) do público alvo responderam que o trabalho de divulgação dos cursos, contribuiu muito, possibilitando, assim, uma maior visibilidade para definir o curso a ser escolhido. Na avaliação no que se refere à apresentação da divulgação dos cursos da instituição pelo grupo, cinquenta e oito (58%) responderam a opção ótima, o que demonstra uma sede por conhecimento e por consciência de fazer uma escolha acertada para uma futura profissão.

Diante do resultado, compreendemos que mais da metade do público alvo, estava em dúvida sobre os cursos e para qual iria prestar vestibular. Isto se caracteriza na fala de estudiosos da área, quando afirmam que os alunos do ensino médio público brasileiro, encontram-se em desvantagem perante seus concorrentes do ensino privado, ao disputar uma vaga no vestibular. Porque o acesso ao ensino superior brasileiro, encontra-se elitizado, isto está relacionado à preparação dos alunos, ou seja: as escolas particulares "preparam seus alunos para as boas universidades públicas, enquanto as escolas públicas não disponibilizam sequer informações necessárias sobre o ingresso aos seus estudantes" (ORTEGA, 2001 apud ALVARENGA, SALES, COSTA, 2012, p. 57).

A partir de conversas informais com estudantes, professores e equipe pedagógica durante as visitas nos colégios, percebe-se que muitos jovens não são estimulados a continuar seus estudos após a conclusão do ensino médio. Também não tem grandes perspectivas, nem consciência da importância na obtenção da titulação no ensino superior, outro fenômeno que carece de maiores estudos e pesquisas.

Como feedback, analisando o questionário e os encontros realizados para o projeto, verificou-se que o trabalho de divulgação, teve grande importância para os estudantes, porque auxilia e esclarece dúvidas relacionadas aos cursos de graduação e à Universidade como um todo.

Compreende-se, ainda que, com grandes desafios, deva haver a continuidade desse trabalho de divulgação dos cursos, além da necessidade de ampliar a pesquisa para uma proposta comparativa dos avanços que tal trabalho possa ter oportunizado. E, essa pesquisa, por sua vez, deverá ser direcionada aos ingressantes nos cursos do Câmpus de Toledo, a partir de 2014. Quanto ao processo de divulgação, entende-se que deve ser permanente e com o envolvimento de toda a gestão universitária, para que os estudantes ampliem sua visão e adquiram uma maior consciência do que uma Universidade Pública pode oferecer e oportunizar, mostrando caminhos para o futuro do egresso tanto na questão pessoal como profissional. E que a sociedade, como um todo, precisa tomar ciência de que a Universidade Pública, a educação pública, não pode ser encarada como um custo para o Estado, e sim, parafraseando Chauí (2014), "um investimento social e político" que contribui para o avanço e melhorias em todas as esferas sociais, portanto, toda a sociedade poderá ser beneficiada, a partir de ações que nascem do contexto universitário e se estende para ela contribuindo, assim, com a construção de imagem positiva, pois, as pessoas "constroem a imagem, seja positiva ou negativa, mediante um processo de elaboração que contempla a relação de suas experiências", valendo-se, portanto, de informações que podem ou não ser construída pela própria instituição (BALDISSERA, 2000, p. 13).

A partir dessas reflexões, pode-se afirmar que a imagem institucional é construída e avaliada tanto pela comunidade interna, quanto pelo público externo, sendo papel dos indivíduos que compõem o contexto universitário, contribuir na sua construção, uma vez que é necessária a percepção do todo, para se avaliar as partes e compreender a complexidade institucional. Portanto, ações de visibilidade e de divulgação das ações institucionais, são elementares para a construção de uma imagem positiva, bem como para a melhoria dessas ações, por meio de um processo coletivo de engajamento político e social interno e externo, o qual contribuirá para a amplitude da percepção de experiências vivenciadas ao longo do processo de desenvolvimento institucional e social.

REFERÊNCIAS

ALVARENGA, C. F.; SALES, A. P.; COSTA, A. D. DA. Desafios do Ensino Superior para estudantes de escola pública: um estudo na UFLA. **Revista Pensamento Contemporâneo em Administração.** Rio de Janeiro, v. 6, n. 1, jan./mar. 20121. Disponível em: <http://www.uff.br/pae/index.php/pca/article/view/110/92>. Acesso em: 25 de set. 2014.

BALDISSERA, Rudimar. **Comunicação organizacional**: o treinamento de recursos humanos como rito de passagem. Novo Hamburgo: editora UNISINOS, 2000.

BRASIL. Constituição (1988). Artigo 207. Disponível em: <http://www.planalto.gov.br/ccivil_03/constituicao/constituicaocompilado.htm>. Acesso em: 29 de abr. de 2015.

BRASIL_____. Ministério da Educação. **Conselho Nacional de Educação. Parecer CNE/CP 28/2001**. Brasília. Disponível em: <http://portal.mec.gov.br/cne/arquivos/pdf/028.pdf>. Acesso em: 23 de set. de 2014.

BRASIL_____. Ministério da Educação. **Instituições de Ensino Superior e Cursos Cadastrados.** Brasília. Disponível em: <http://emec.mec.gov.br/>. Acesso em: 25 de set. de 2014.

CHAUÍ, Marilena. A Universidade pública sob nova perspectiva. **Revista Brasileira de Educação.** São Paulo, 2003, n 24. set/out/nov/dez. Disponível em: <http://www.scielo.br/pdf/rbedu/n24/n24a02.pdf>. Acesso em: 25 de set. de 2014.

COUTINHO, Clara. **Métodos e Técnicas de Amostragem**. [2002]. Disponível em <http://claracoutinho.wikispaces.com/M%C3%A9todos+e+T%C3%A9cnicas+de+Amostragem>. Acesso em: 22 de set. de 2014.

MARTINS, Lígia Márcia. **Ensino – Pesquisa – Extensão como fundamento metodológico da construção do conhecimento na Universidade**. Disponível em: <http://www.umcpos.com.br/centraldoaluno/arquivos/07_03_2014_218/2_-ensino_pesquisa_extensao.pdf>. Acesso em: 29 de abr. de 2015.

RUF. Ranking Universitário Folha 2014. **Folha de São Paulo.** São Paulo. Disponível em: <http://ruf.folha.uol.com.br/2014/rankingdeuniversidades/>. Acesso em: 16 de set. de 2014.

SANTOS, Boaventura de Sousa. **A Universidade no Século XXI**: Para uma reforma democrática e emancipatória da Universidade. Disponível em: <http://www.ces.uc.pt/bss/documentos/auniversidadedosecXXI.pdf>. Acesso em: 24 de set. de 2014.

SILVA, A. C. DA et al. **A Presença da Universidade Pública**. Londrina. [1998]. Disponível em: In: <http://www.fisica.uel.br/SBPC_LD/unipub.html>. Acesso em: 20 de set. de 2014.

UNIOESTE. Plano de Desenvolvimento Institucional da Unioeste 2013-2017. **Resolução nº 081/2013-COU, de 27 de junho de 2013.** Cascavel, 2013. Disponível em: <http://www.unioeste.br/servicos/arqvirtual/arquivos/0812013-COU.pdf>. Acesso em: 17 de set. de 2014a.

UNIOESTE _____, **Vestibular Unioeste 2015**. Todos os Cursos. Cascavel, 2014. Disponível em: <http://www.unioeste.br/vestibular>. Acesso em: 16 de set. de 2014b.

IMPORTÂNCIA DADA PELOS GESTORES INSTITUCIONAIS PARA O DESENVOLVIMENTO DE AÇÕES DE VISIBILIDADE NA UNIOESTE CAMPUS DE FRANCISCO BELTRÃO, NO ANO DE 2013

Andréia Zuchelli Cucchi

Introdução

Nos últimos anos, o desenvolvimento de ações de visibilidade nas instituições de ensino superior, principalmente privadas, tem adquirido uma importância cada vez maior, provavelmente por conta da competitividade crescente que a expansão do ensino superior desencadeou junto ao setor educacional.

Nas instituições públicas, porém, a realidade não é a mesma. De todo modo, esta questão provoca inquietações, principalmente por parte dos gestores e administradores destas organizações, uma vez que não há como negar a importância que a visibilidade das organizações tem no mundo atual.

Neste sentido, os administradores e gestores exercem papel fundamental neste processo, pois precisam, notadamente, estarem atentos às questões relacionadas às mudanças e desafios do mundo globalizado. Organizar, administrar e gerenciar uma instituição, seja ela pública ou privada, não é tarefa simples, pois requer ousadia e capacidade de lidar com desafios, muitas vezes difíceis de serem resolvidos e administrados, mas que são inerentes ao mundo de hoje (MORGAN, 2006).

Uma das questões importantes que envolvem o gerenciamento institucional é o que se relaciona com a consolidação, divulgação e alcance da imagem institucional. Desta forma, desenvolver este aspecto da organização é algo muito importante, mas, para tanto, é preciso que profissionais comprometidos e inovadores, capazes de adaptar-se a diferentes situações, e que tenham a capacidade de tirar proveito das mesmas, visando o sucesso e a prosperidade das organizações e instituições, estejam envolvidos com esta questão.

Neste sentido, desenvolver atividades que se voltem para a melhoria da visibilidade das instituições é algo que pode e deve ser planejado e praticado pelas mesmas, sejam estas públicas ou privadas.

Deste modo, concordamos com Morgan (2006), segundo o qual, em se tratando das universidades, não basta atuar apenas a partir da missão institucional, ou seja, com ensino-pesquisa-extensão, uma vez que o desenvolvimento destas atividades, por si só, não é suficiente para que estas traduzam para a comunidade externa, e para si mesmas, suas ações e suas finalidades.

É preciso divulgar estas ações, justamente para que, num primeiro momento, o resultado destas ecoe numa escala maior, considerando o envolvimento e os resultados a serem apresentados à sociedade, e para que, num segundo momento, ocorra uma retroalimentação interna das ações desencadeadas, o que contribui para o fortalecimento institucional. Entretanto, o que se observa empiricamente é que as universidades públicas, diferentemente das universidades privadas, não despendem muitos esforços na direção da concretização de ações de visibilidade institucional.

Desta forma, justifica-se a realização deste estudo, justamente por considerar que as atividades voltadas às ações de visibilidade, além de necessárias, proporcionam melhorias no que concerne à relação universidade-comunidade, bem como na própria autoimagem institucional.

Tendo em vista a realização de algumas ações desencadeadas no ano de 2013, na Universidade Estadual do Oeste do Paraná (Unioeste), Câmpus de Francisco Beltrão, relacionadas à visibilidade institucional, o artigo que hora se apresenta buscou responder a seguinte questão: qual a importância dada pelos gestores institucionais para o desenvolvimento de ações de visibilidade na Unioeste, Câmpus de Francisco Beltrão?

1 A importância do desenvolvimento de ações de visibilidade para as instituições de ensino superior pública

O estudo em questão pretendeu analisar sobre a importância que é dada por parte dos gestores institucionais ao desenvolvimento de ações de visibilidade na Universidade Estadual do Oeste do Paraná (Unioeste), Câmpus de Francisco Beltrão.

Segundo Denhardt (2012, p. 1), "[...] organizações são, na verdade, produtos de ações humanas individuais – ações com sentido e significado especiais para quem nelas atua". Desta forma, percebe-se a importância das pessoas que atuam nas organizações, uma vez que são elas as responsáveis por divulgar e proporcionar ações que possibilitam melhorar e ampliar o contexto de atuação e desenvolvimento na sua área de desempenho, bem como por retroalimentar os objetivos institucionais.

Segundo Decker e Michel (2006, p. 1-2), "[...] as organizações fazem parte da vida das pessoas que vivem na sociedade moderna, bem como a comunicação acompanha a sociedade desde os tempos da sociedade primitiva".

Neste sentido, verifica-se que, falada ou escrita, a comunicação é um dos fatores mais importantes para as organizações, pois é por meio dela que as atividades desenvolvidas ou produzidas na organização passam a ser reconhecidas e/ou visualizadas pela própria instituição e pela sociedade em geral.

Do mesmo modo, é necessário que a comunicação seja percebida como algo dinâmico e ativo, pois as organizações, em sua grande maioria, sofrem diretamente os reflexos das mudanças que ocorrem a sua volta. Deste modo, uma comunicação eficiente e clara contribui diretamente para o sucesso das atividades desenvolvidas na mesma.

Desta forma, as informações que permeiam todo o contexto da instituição, necessitam estar sendo atualizadas em tempo real, tanto para os colaboradores internos, quanto para a comunidade externa, contribuindo para o aumento da credibilidade e melhoria da imagem da organização.

Diante do exposto, verifica-se a importância do desenvolvimento de ações de visibilidade/comunicação nas instituições de ensino superior, uma vez que estas ações contribuem para que a sociedade conheça melhor as múltiplas atividades que são desenvolvidas no seu interior, tornando mais eficaz o caráter administrativo das mesmas.

Além disso, este tipo de ação contribui para que as universidades estabeleçam um contato mais direto e cuidadoso para com a comunidade externa, o que, em tese, melhora sua autopercepção e sua imagem externa.

1.1 Ações de visibilidade nas instituições públicas

Desenvolver ações que possibilitem melhorar a visibilidade interna e externa de uma instituição ou organização não é tarefa simples. Requer dos profissionais que nelas atuam comprometimento e seriedade no desenvolvimento e divulgação de situações e acontecimentos que permeiam as atividades inerentes a finalidade desta instituição, no caso do estudo em questão o ensino, a pesquisa e a extensão.

Além disso, conforme aponta Nassar (1995, p. 21), "A imagem institucional não é algo independente. Ela depende de todos os setores da organização para que seja plena. Ou seja, para que se tenha uma boa imagem institucional é necessário que todos os setores da empresa estejam bem relacionados com os seus públicos".

Observa-se, com isto, que todos os setores e/ou departamentos de uma instituição ou organização precisam desenvolver um bom relacionamento com o seu público de atendimento, antes de se pensar em ações de visibilidade, pois, caso a instituição possua algum dos departamentos com dificuldade de desenvolver seu trabalho, de se relacionar com outros departamentos ou mesmo com o público, isto, muito provavelmente, poderá refletir de forma negativa na imagem da organização.

Desta forma, falar em visibilidade institucional significa falar em qualidade do trabalho desenvolvido no interior das organizações. Significa falar em bom atendimento do público alvo destas organizações; e significa, enfim, falar da importância das pessoas estarem preparadas para o exercício das funções que ocupam nas organizações. É preciso ter nos setores/departamentos "pessoas que gostem de trabalhar com pessoas" (grifo da autora), pois muitos dos problemas que ocorrem no trato com o público, e que refletem negativamente na imagem das organizações seriam solucionados de uma forma simples e eficaz se fosse otimizado o trabalho das pessoas com o perfil mais adequado ao desenvolvimento das respectivas ações institucionais. Tudo isto reflete na imagem institucional.

Segundo Baldissera (2000),

> Entende-se por imagem o modo como os públicos veem a organização, isto é a ideia, a percepção que eles têm da organização. Os públicos constroem a imagem, seja positiva ou negativa, mediante um processo de elaboração que contempla a relação de suas experiências com as informações avindas, oficialmente ou não, da organização. (BALDISSERA, 2000, p. 13).

A partir da contribuição do autor, verifica-se, mais uma vez, que a imagem da organização é construída e avaliada pelo público interno e externo por meio da percepção das experiências vivenciadas na mesma.

Baldissera (2000) complementa suas abordagens afirmando de forma categórica que toda e qualquer imagem institucional se constrói a partir do todo, e não a partir de pontos isolados da organização, o que reforça ainda mais a ideia de que todos os departamentos ou setores de uma organização precisam desenvolver suas atividades de maneira satisfatória.

Portanto, desenvolver uma boa imagem da organização perante o público não é trabalho fácil, principalmente para os gestores, considerando que o desenvolvimento de ações de visibilidade institucional positiva só terá êxito se houver uma parceria dos colaboradores da instituição, bem como o desejo dos envolvidos em melhorar a imagem da organização nas suas respectivas áreas de atuação.

Percebe-se que, nas universidades públicas, há, por um lado, uma preocupação grande com a qualidade do trabalho (ensino, pesquisa, extensão e gestão administrativa), e, por outro lado, não há uma preocupação, na mesma proporção, com o trabalho de visibilidade institucional.

Entendemos que, pelas razões acima mencionadas, este trabalho é importante e precisa ser aprimorado por parte das universidades públicas, até porque ele contribui para que se avalie a efetiva articulação entre ensino, pesquisa, extensão e gestão administrativa e/ou o efetivo alcance (benefício social) dos projetos institucionais desenvolvidos.

1.2 O papel da mídia na melhoria da visibilidade da organização

As atividades que envolvem o desenvolvimento de ações de visibilidade nas instituições precisam, na atualidade passar pela mídia, pois, em grande medida, é por meio destes canais de comunicação que as atividades e acontecimentos efetivados pela organização são propagados para o público interno e externo.

O trabalho da mídia, seja impressa, televisiva ou auditiva, contribui muito para divulgar as ações que são desenvolvidas nas organizações. Mas, cabe aos administradores mediarem esta atividade tão importante para a organização, pois é necessário ter uma boa rede de contato com profissionais da imprensa, bem como com os colaboradores para que esta relação se dê de maneira equilibrada e eficaz.

Morgan (2002) afirma que

> Os administradores hábeis na leitura da vida organizacional tem a capacidade de permanecer abertos e flexíveis, suspendendo julgamentos imediatos, sempre que possível, até que surja uma visão mais abrangente da situação. Eles estão cientes de que, quando abordam as situações sob ângulos diferentes, surgem novos pontos de vista, e que uma leitura mais ampla e variada pode criar uma gama mais ampla e variada de possibilidade de ações. (MORGAN, 2002, p. 20).

A partir da colocação apresentada por Morgan (2002) e das leituras realizadas sobre o tema proposto, e ainda, considerando também as experiências vivenciadas com relação ao desenvolvimento de ações de visibilidade desencadeadas na Universidade Estadual do Oeste do Paraná (Unioeste), Câmpus de Francisco Beltrão, no ano de 2013, reforça-se o fato de que é imprescindível que os colaboradores melhorem a visão do todo institucional.

O trabalho desenvolvido pela mídia falada ou escrita pode tornar-se mais eficaz se for consolidado por colaboradores institucionais que possuam uma visão mais abrangente da sua organização. Isto pode proporcionar resultados satisfatórios no que se refere à melhoria da visibilidade institucional, seja esta uma instituição pública ou privada.

2 Procedimentos metodológicos

O estudo realizado foi embasado numa perspectiva exploratória. Segundo Figueiredo (2008, p. 93), o estudo exploratório abarca "pesquisas que geralmente proporcionam maior familiaridade com o problema, ou seja, tem o intuito de torná-lo mais explícito. Seu principal objetivo é o aprimoramento de ideias ou a descoberta de intuições".

O corte realizado para o desenvolvimento do trabalho foi de ordem transversal: de 24 de junho de 2014 a 10 de julho de 2014, sem considerar a evolução dos dados no tempo. Os dados foram coletados a partir de fontes primárias, com a aplicação de questionário aos ocupantes de cargos de direção administrativa e pedagógica da instituição, composta pelo diretor geral, assessores de direção, diretores de centro e coordenadores de curso de graduação, totalizando 14 pessoas consultadas, tal como disposto no Quadro 1.

Quadro 1 – População pesquisada

Identificação do Cargo	Quantidade
Diretor Geral do Campus	01
Assessores da Direção	03
Diretores de Centro	02
Coordenadores de Curso de Graduação	08
TOTAL	14

Fonte: Elaborado pela autora com base em registros da organização.

O instrumento de coleta de dados utilizado foi um questionário, por meio do qual buscou-se avaliar a leitura que os envolvidos possuem sobre ações de visibilidade, bem como averiguar o grau de importância dada pelos gestores da organização às ações atualmente desenvolvidas no âmbito institucional.

O questionário aplicado continha seis questões, tanto abertas como fechadas, por meio das quais se visa verificar o grau de importância dado pelos gestores ao desenvolvimento de ações de visibilidade praticados na instituição, no ano de 2013.

As questões abertas tiveram como propósito averiguar a leitura dos investigados a respeito da questão da visibilidade/propaganda institucional na universidade; conhecer a opinião dos mesmos sobre a existência ou não de diferença entre as instituições de ensino superior privada e pública sobre ações de visibilidade acadêmica; verificar o entendimento sobre o que caracteriza uma ação de visibilidade institucional universitária; identificar ações de visibilidade realizadas no âmbito institucional e mensurar o grau de importância dado pelos investigados com relação às ações de visibilidade desenvolvidas na instituição.

As questões fechadas buscaram avaliar a importância dada por parte dos investigados a ações cotidianas que são desenvolvidas na instituição e que estão diretamente relacionadas a ações de visibilidade e de melhoria no âmbito institucional.

Este estudo foi realizado em uma instituição de ensino superior pública da região sudoeste do Paraná: na Universidade Estadual do Oeste do Paraná (Unioeste) Câmpus de Francisco Beltrão.

3 Resultados e discussão

3.1 A organização em estudo

A descrição da organização baseou-se em registros e documentos disponíveis no seu site (UNIOESTE, 2014). A Universidade Estadual do Oeste do Paraná (Unioeste) foi criada por meio da Lei Estadual n.º 8.680, de 30 de dezembro de 1987. Foi instituída como Universidade Pública/Estadual pelo Decreto n.º 2.352, de 27 de janeiro de 1988; transformada em autarquia pela Lei Estadual n.º 9.663, de 16 de julho de 1991 e reconhecida como tal pela Portaria Ministerial n.º 1.784-A, de 23 de dezembro de 1994.

A instituição é uma entidade autárquica estadual, sem fins lucrativos, com estrutura *multicampi* (Cascavel, Foz do Iguaçu, Francisco Beltrão, Marechal Candido Rondon e Toledo). Está vinculada à Secretaria de Estado de Ciência, Tecnologia e Ensino Superior (SETI), nos termos das Leis Estaduais n.º 9.896, de 8 de janeiro de 1992, e n.º 11.066, de 1º de fevereiro de 1995.

O Câmpus de Francisco Beltrão foi incorporado à Unioeste em 17 de dezembro de 1996, por meio da Resolução nº 022/96-COU, que aprovou a criação do Câmpus de Francisco Beltrão.

No ano de 1998 a Assembleia Legislativa do Estado do Paraná, através da Lei nº 12.235, de 24 de julho de 1998, autorizou, nos termos da proposta governamental, a criação do Câmpus da Unioeste em Francisco Beltrão, em substituição a então faculdade existente, a saber, a Faculdade de Ciências Humanas de Francisco Beltrão (Facibel). Através do Decreto nº 995, de 23 de junho de 1999, foi assinado pelo governador Jaime Lerner o documento da incorporação.

A Unioeste, Câmpus de Francisco Beltrão, oferece, atualmente, nove cursos de graduação (exceto o curso de Economia Doméstica, o qual está em extinção)[31]: Administração, Ciências Econômicas, Direito, Nutrição, Serviço Social, Geografia – Bacharelado, Geografia – Licenciatura, Medicina e Pedagogia.

A Universidade destaca-se na região Sudoeste do Estado, principalmente por ofertar um ensino superior público, gratuito e de excelente qualidade. Além da horizontalização – pois, a partir do ano de 2007, o Câmpus de Francisco Beltrão passou pelo processo de verticalização, com a implantação do mestrado em Geografia –, em 2010 foi implantado o mestrado em Educação (2010) e, em 2013, houve a implantação do mestrado em Gestão e Desenvolvimento Regional.

3.2 Resultados

Considerando a aplicação de questionários junto aos cargos de direção administrativa e pedagógica da instituição, composta pelo diretor geral, três assessores da direção, dois diretores de centro e nove coordenadores de curso de graduação; foi possível elencar os seguintes resultados, relacionados à leitura que os gestores institucionais da Unioeste/Câmpus de Francisco Beltrão têm sobre ações de visibilidade e, notadamente, a importância dada por estes, acerca das ações de visibilidade institucional desenvolvidas no ano de 2013 junto à comunidade interna e externa:

1) Com relação à leitura que os pesquisados possuem a respeito da questão da visibilidade/propaganda institucional universitária e sobre a importância da mesma, foi possível considerar que, para eles: a visibilidade/propaganda universitária é importante, pois possibilita que segmentos da sociedade tomem conhecimento da existência da universidade e da qualidade do ensino

---

31 O curso de Economia Doméstica está em fase de extinção, sendo que as vagas desse curso foram remanejadas para a oferta de outros dois novos cursos (Nutrição e de Serviço Social) implantados em 2014.

superior público oferecido; possibilita conhecer os cursos que a instituição oferece; possibilita propagar a informação de que a universidade é pública e gratuita; apresenta e instrui a comunidade interna e externa sobre os projetos e ações que a universidade realiza; melhora a transparência das ações realizadas e possibilita a inserção com a sociedade; mostra à sociedade suas propostas, ações e estratégias de crescimento e expansão; apresenta aos interessados a dinâmica institucional; aproxima a universidade da comunidade local e regional; possibilita a visibilidade das atividades de ensino, pesquisa e extensão realizadas no contexto institucional e social.

2) Com relação à existência ou não de diferença entre as instituições de ensino superior, privadas e públicas no que tange às ações de visibilidade acadêmica, constatou-se que, para dez dos pesquisados, existe diferença entre as instituições públicas e privadas no que diz respeito às ações de visibilidade acadêmica, pois as instituições de ensino superior privadas veem o ensino superior como negócio que precisa gerar lucros, o que contribui para que invistam valores monetários consideráveis em marketing e propaganda para viabilizar economicamente suas atividades; e, também, porque precisam destacar-se perante as demais, devido à competitividade do mercado. Para dois dos pesquisados não existe diferença entre as instituições pública e privadas, pois ambas precisam apresentar transparência em relação as suas atividades. Além disso, para estes, cabe ao indivíduo avaliar o potencial de cada instituição, no momento da escolha por cursar um curso de nível superior. Os dois restantes não manifestaram sua posição em relação à questão, por desconhecerem o assunto em pauta e/ou por não terem informações suficientes para poderem afirmar algo sobre esta questão. Tais dados foram dispostos no Gráfico 1, o qual refere-se à questão 2 do questionário aplicado.

Gráfico 01 – Existe ou não diferença entre as instituições públicas e privadas

Pesquisados

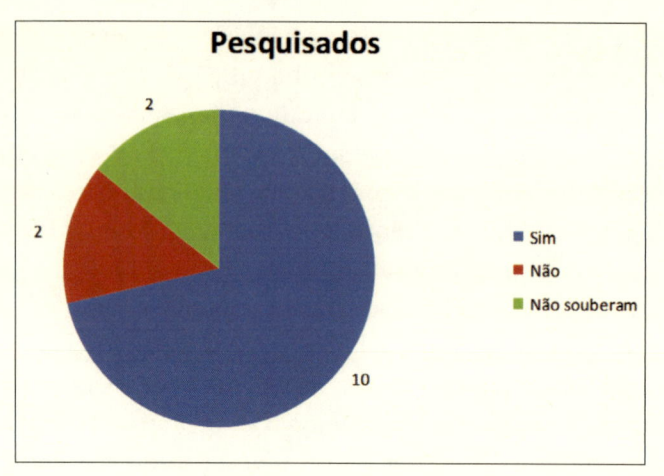

- Sim: 10
- Não: 2
- Não souberam: 2

Fonte: Elaborado pela autora.

3) Os pesquisados também foram consultados sobre o que caracteriza, para eles, uma ação de visibilidade institucional universitária. Para os mesmos, as ações de visibilidade institucional universitária são caracterizadas por ações que levam ao conhecimento do público, interno e externo, às atividades que são realizadas na instituição sobre ensino, pesquisa e extensão; são ações que divulgam a instituição nos diversos acessos da mídia, seja ela escrita, falada ou televisiva, sobre as atividades desenvolvidas e alimentadas no âmbito institucional; que levam informação ao público interno e externo; que proporcionam a interação da instituição com a comunidade interna e externa; que visam "mostrar o que somos, temos e oferecemos"; que externalizam e aproximam a instituição do seu público de atuação; que auxiliam nosso público potencial a escolher a universidade e a ingressar nela; que promovem a transparência das atividades e a inserção da universidade na comunidade.

4) Os pesquisados foram consultados, ainda, sobre ações de visibilidade institucionais, notadamente das ações que foram realizadas na Unioeste/Câmpus de Francisco Beltrão, no ano de 2013, de modo que 100% dos pesquisados lembraram de ações de visibilidade desenvolvidas em tal ano. Foram citadas as seguintes atividades: visita dos alunos do ensino médio à instituição, com a intenção de oportunizar aos visitantes conhecer as instalações, projetos e condições do Câmpus; campanha de divulgação dos

cursos do campus (folder institucional); parcerias com entidades públicas e privadas; publicações em jornais locais, regionais e no site da universidade; participação em eventos organizados pela sociedade; divulgação dos cursos na Praça Central.

5) Com o intuito de verificarmos a importância dada pelos gestores institucionais a ações de visibilidade, realizadas no âmbito da Unioeste/Câmpus de Francisco Beltrão no ano de 2013. Os pesquisados foram unanimes (100%) em afirmar sobre a importância da realização de ações de visibilidade, pois, conforme as respostas apresentadas, as ações de visibilidade possibilitam promover e fortalecer a instituição perante o seu público interno e externo e, além de divulgar as atividades relacionadas ao ensino, pesquisa e extensão, a realização de ações de visibilidade possibilita, ainda, que o trabalho desenvolvido no âmbito institucional seja visualizado e presenciado pelas práticas apresentadas à sociedade, obtendo-se, desta forma, o reconhecimento e a consolidação do ensino superior público, gratuito e de qualidade.

Para chancelar a atividade de consulta aos pesquisados, foi apresentado um quadro com alguns indicadores de ações de visibilidade, para que os mesmos avaliassem tais ações no que concerne ao seu grau de importância, conforme a seguinte escala: nada importante, importante e muito importante.

Considerando os resultados, os indicadores foram avaliados em porcentagem e dispostos no Quadro 2.

Quadro 2 – Indicadores pesquisados

Indicadores	Nada importante para a visibilidade da instituição	Importante para a visibilidade da instituição	Muito importante para a visibilidade da instituição
As notícias sobre a instituição vinculadas nos meios de comunicação **locais** durante o ano de 2013.		42%	58%
As notícias sobre a instituição vinculadas nos meios de comunicação **regionais** durante o ano de 2013.	7%	50%	43%
A publicação do resultado do conceito dos cursos – ENADE 2013 – na imprensa **local**.		35%	65%
A publicação do resultado do conceito dos cursos – ENADE 2013 – na imprensa **regional**.		50%	50%

continua...

continuação

Indicadores	Nada importante para a visibilidade da instituição	Importante para a visibilidade da instituição	Muito importante para a visibilidade da instituição
A publicação do resultado do conceito dos cursos – ENADE 2013 – na imprensa **nacional**.	7%	**58%**	35%
A atividade de visitação das escolas públicas à instituição no ano de 2013.		21%	**79%**
A atividade de visitação das escolas particulares à instituição no ano de 2013.		21%	**79%**
A realização de projetos de pesquisa direcionados à comunidade interna.	29%	**50%**	21%
A realização de projetos de pesquisa direcionados à comunidade externa.		**58%**	42%
A realização de projetos de extensão direcionados à comunidade interna.	21%	**58%**	21%
A realização de projetos de extensão direcionados à comunidade externa.		35%	**65%**
A realização de atividades de parceria com entidades públicas.		**58%**	42%
A realização de atividades de parceria com entidades privadas.		**58%**	42%
A realização de atividades direcionadas à comunidade externa através da prestação de serviços.	7%	35%	**58%**
O número de vagas ofertado nos cursos de graduação.	14%	28%	**58%**
As mudanças na forma de ingresso aos cursos de graduação da instituição.	7%	28%	**65%**
As informações disponíveis na página da instituição (endereço eletrônico).	7%	35%	**58%**
Material impresso, contendo informações sobre a instituição (folders, cartazes e banners).		**58%**	42%
A participação de representantes da instituição em eventos promovidos pelas entidades públicas ou privadas, como convidados.	7%	**65%**	28%
Os projetos de pesquisa e/ou de extensão desenvolvidos pelos docentes e agentes universitários.		35%	**65%**

Fonte: Elaborado pela autora.

A partir dos resultados, é possível afirmar que:
1) Os indicadores relacionados às notícias publicadas sobre a instituição veiculadas nos meios de comunicação locais durante o ano de 2013; a publicação do resultado dos conceitos dos cursos – ENADE/2013 – na imprensa local; a atividade de visitação das escolas públicas e particulares, realizadas no ano de 2013 na instituição; a realização de projetos de extensão direcionados à comunidade externa; a realização de atividades direcionadas à comunidade externa através da prestação de serviços; o número de vagas ofertadas nos cursos de graduação; as mudanças na forma de ingresso nos cursos de graduação da instituição; as informações disponíveis na página da instituição (endereço eletrônico) e a realização de projetos de pesquisa e/ou extensão desenvolvidos pelos docentes e agentes universitários foram avaliados como muito importantes pelos pesquisados para a melhoria da visibilidade da instituição;
2) Os indicadores relacionados às notícias sobre a instituição, veiculadas nos meios de comunicação regionais durante o ano de 2013; a publicação do resultado dos cursos – ENADE 2013 – na imprensa nacional; a realização de projetos de pesquisa direcionados à comunidade interna e a externa; a realização de projetos de extensão direcionados à comunidade interna; a realização de atividades de parcerias com entidades públicas e privadas; a confecção de material impresso, contendo informações sobre a instituição (folders, cartazes e banners) e a participação de representantes da instituição em eventos promovidos pelas entidades públicas ou privadas como convidados foram avaliados como importantes pelos pesquisados para a melhoria da visibilidade da instituição;
3) O indicador que se refere à publicação do resultado do conceito dos cursos – ENADE 2013 – na imprensa regional foi avaliado como muito importante e importante na mesma proporção (50% para cada escala) pelos pesquisados, no que diz respeito à melhoria da visibilidade da instituição;
4) Os indicadores que se referem às notícias veiculadas nos meios de comunicação regionais durante o ano de 2013 (7%); a publicação do resultado do conceito dos cursos – ENADE 2013 – na imprensa nacional (7%); a realização de projetos de pesquisa direcionados à comunidade interna (28%); a realização de projetos de extensão direcionados à comunidade interna (21%); a realização de atividades

direcionadas à comunidade externa através da prestação de serviços (14%); o número de vagas ofertadas nos cursos de graduação (14%); as mudanças nas formas de ingresso nos cursos de graduação da instituição (7%); as informações disponíveis na página da instituição (endereço eletrônico) (7%); e a participação de representantes da instituição em eventos promovidos pelas entidades públicas ou privadas como convidados (7%) foram avaliados como nada importante pelos pesquisados, considerando a porcentagem de cada indicador citada na análise descritiva dos dados.

Na pesquisa, foram avaliados 20 indicadores de ações de visibilidade. Por meio destes, os pesquisados avaliaram a importância dos mesmos, conforme a escala: nada importante, importante e muito importante.

Dos indicadores sugeridos na pesquisa, dez itens foram avaliados pelos pesquisados como muito importantes e os outros dez itens como importantes. Tais dados foram dispostos no Gráfico 3, o qual refere-se à questão seis (Quadro 02) do questionário aplicado.

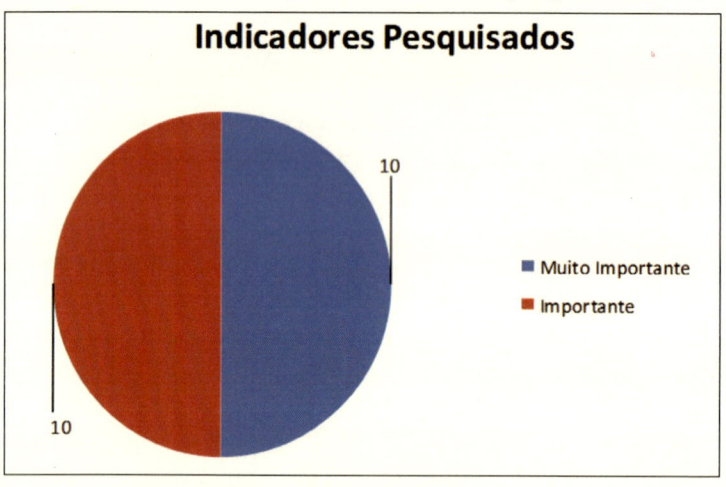

Gráfico 3 – Avaliação dos indicadores pesquisados

Fonte: Elaborado pela autora.

Os itens avaliados pelos pesquisados como nada importantes, embora numa porcentagem menor, merecem ser levados em consideração. Porém, a baixa porcentagem apresentada nestes itens não compromete a expressão majoritária, obtida pela pesquisa, voltada para a importância dada pelos gestores institucionais acerca da realização de ações de visibilidade desenvolvidas em 2013.

Cabe frisar, ainda, que as atividades desenvolvidas no ano de 2013 proporcionaram o repensar sobre a importância do desenvolvimento de ações de visibilidade no âmbito educacional, pois, até então, ações eram desenvolvidas na instituição sem a concomitante publicização junto à comunidade interna e externa.

Enfim, cabe relatar que esta pesquisa apresenta resultados factíveis com as práticas desenvolvidas na instituição (Unioeste) em 2013, e que os resultados auxiliarão no repensar e na reorganização das ações que, atualmente, ainda são desenvolvidas, uma vez que a cultura organizacional voltada às ações de visibilidade pode ser institucionalizada, uma vez que proporciona melhorias na consolidação da universidade.

Considerações finais

Pode-se considerar que este estudo apresentou resultados significativos, e que, por meio das leituras referentes ao tema abordado, foi possível perceber a importância dada por parte dos gestores institucionais ao desenvolvimento de ações de visibilidade na Universidade Estadual do Oeste do Paraná (Unioeste), Câmpus de Francisco Beltrão, no ano de 2013.

Diante dos resultados, é possível considerar que a realização de ações de visibilidade possibilita à sociedade conhecer a universidade, seus projetos, suas ações e os cursos ofertados, bem como a qualidade dessas atividades.

Os resultados demonstraram a importância de propagar a informação de que a universidade é pública e gratuita, pois a comunidade externa, muitas vezes, desconhece esta informação. Pode-se ressaltar que as ações de visibilidade possibilitam a divulgação de projetos e ações que a universidade realiza no âmbito interno e externo, contribuindo para a inserção da instituição nos projetos e programas desenvolvidos na comunidade local e regional.

O desenvolvimento de ações de visibilidade também é uma forma de a instituição mostrar à sociedade suas propostas, ações e estratégias de crescimento e expansão, tanto no contexto institucional como no social.

Acredita-se que a realização deste estudo foi de grande valia, pois mostrou o quanto é importante para a instituição a realização de ações de visibilidade no âmbito institucional e social, no qual a mesma está inserida, e, também, por mostrar a importância que a reflexão/visualização acerca das ações que são desencadeadas no cotidiano organizacional apresenta, uma vez que, por meio desta análise, é possível melhorar as práticas institucionais, tornando estas ações capazes de contribuir para a construção de uma imagem positiva, idônea, responsável e transparente da organização.

REFERÊNCIAS

BALDISSERA, Rudimar. **Comunicação organizacional**: o treinamento de recursos humanos como rito de passagem. Novo Hamburgo: editora UNISINOS, 2000.

DECKER, Cleiton Bierhals.; MICHEL Margareth. A imagem nas organizações públicas: Uma questão de política, poder, cultura e comunicação – estudo de caso INSS em Pelotas. **BOCC: Biblioteca On-line de Ciências da Comunicação**, 2006.

DENHARDT, Robert B. **Teorias da Administração Pública**. 6 ed. São Paulo: Cengage Learning, 2013, p. 01-26.

FIGUEIREDO, Nébia Maria Almeida de. (Org.) **Método e Metodologia na Pesquisa Científica**. 3. Ed. São Caetano do Sul, SP: Yendis Editora, 2008.

MORGAN, Gareth. **Imagens da organização:** edição executiva. 2. Ed. São Paulo: Atlas, 2006.

NASSAR, Paulo. **O que é comunicação empresarial**. São Paulo: Brasiliense, 1995.

PEREIRA DA SILVA, Sivaldo. Esfera pública, visibilidade midiática, Deliberação, Identidade Coletiva e Novas Tecnologias da Comunicação: analisando contribuições para o debate. **Contemporânea: Revista de Comunicação e Cultura**, v. 4(1), p.197, 2006.

PRIOR, Hélder Rocha. Publicidade política e estratégias de representação: a visibilidade pública como "armadilha". **Contemporânea**: Revista de Comunicação e Cultura, v. 9(3), p. 405-416, 2011.

UNIOESTE. **RESOLUÇÃO Nº 017/99-COU, que aprova o novo Estatuto da Universidade Estadual do Oeste do Paraná – UNIOESTE**. Disponível em: <http://www.unioeste.br/download/estatuto_unioeste.pdf>. Acesso em: 02 julh. 2014.

CAPACITANDO PARA O USO DO PORTAL DE PERIÓDICOS DA CAPES:
resultados entre 2013-2014

Helena Soterio Bejio[32]

Introdução

De acordo com o histórico de implantação da biblioteca do Câmpus de Marechal Cândido Rondon em 1979, antes mesmo de iniciarem-se, por volta de 1983, discussões regionais que objetivavam a criação de uma Universidade Estadual Multicampi no Oeste do Paraná, a qual reuniria instituições de ensino superior de Cascavel, Foz do Iguaçu, Toledo e Marechal Cândido Rondon – município este no qual se situa a Faculdade de Ciências Humanas (FACIMAR) –, cujas mobilizações acabaram por efetivar por meio do Parecer nº 137/94, de 5 de agosto de 1994, do Conselho Estadual de Educação, o Projeto de Reconhecimento da UNIOESTE; a biblioteca funcionou em espaços provisórios, como salas de aula, e, depois, no térreo do prédio onde funciona as direções de centros e coordenações (CCHEL e CCSA). Finalmente, em 2010, passa a funcionar em prédio próprio, com área total de 1.717 mil m².

Com o advento da Internet, os processos de serviço e acesso à informação na biblioteca são facilitados, primeiro pelo Gerenciador de Bibliotecas Apolo, desenvolvido pela, então, Diretoria de Informática da UNIOESTE e, a partir de 2014, pelo Sistema *Pergamum*, o qual possibilita, entre outras funções, o empréstimo, reservas e renovações pela Internet.

Segundo afirma Ischannerl (2004, p. 6), "a biblioteca busca inovação e a inovação está na tecnologia utilizada e nos modelos empregados, com foco na comunicação e disponibilização dos documentos sempre atualizados, possibilitando o trabalho conjunto de grupos remotos", pois o foco na hora de pesquisar precisa ser garantido, uma vez que

---

[32] Universidade Estadual do Oeste do Paraná. Bacharel em Biblioteconomia e Especialista em Gestão de Políticas Pública; Coordenadora do projeto PDA, da Unioeste, *Campus* de Marechal Cândido Rondon. E-mail: helena.bejio@unioeste.br.

A explosão bibliográfica, fenômeno comum a todas as áreas do conhecimento e talvez a característica mais visível das literaturas científicas, pode ser definida como a quantidade crescente de documentos científicos produzidos e a rapidez com que esse número aumenta. Esse fenómeno não é novo, pois vem ocorrendo de maneira exponencial desde o estabelecimento da ciência moderna e da publicação dos primeiros periódicos, no fim do século XVII (SOLLA PRICE, 1963 apud CAMPELLO, 2007, p. 24).

No contexto de transformação do formato bibliográfico impresso ao digital, os serviços bibliotecários também têm uma transformação, requerendo uma ação. Nesse sentido, buscando ampliar os serviços da biblioteca e cumprir o papel de socializar o acesso da informação por meio das ferramentas disponíveis para contribuir com o ensino, a pesquisa e a extensão é que foi iniciado em 2013 o Projeto de Capacitação para uso do Portal CAPES. Segundo Lemos (1974, p. 167), "além da função de apoio ao ensino e pesquisa, deve-se salientar que o papel fundamental que a biblioteca desempenha é do tipo educacional, funcionando como um instrumento dinâmico de ensino, estimulando a pesquisa".

Conforme Costa (2015, p. 25) "O Portal de Periódicos da CAPES é fornecido pelo Governo Federal ao Sistema de Educação do Brasil e promovido pela Coordenação de Aperfeiçoamento de Pessoal de Nível Federal (CAPES), órgão consolidado e de reconhecimento público, a qual é mantida pelo Ministério de Educação (MEC)". Ainda segundo Costa (2015, p. 94), o "Portal nasceu de um consórcio nacional de acesso a periódicos eletrônicos disponibilizado pelo Ministério da Ciência e Tecnologia do Brasil e utiliza a Rede Nacional de Pesquisa (RNP), como suporte na transmissão de dados". O Portal foi lançado em 11 de novembro de 2000, tendo como finalidade promover à comunidade científica brasileira o acesso livre e gratuito à versão eletrônica dos principais periódicos científicos nacionais e internacionais.

Segundo informações dispostas na própria página do Portal, esse lançamento ocorreu

> [...] na mesma época em que começavam a ser criadas as bibliotecas virtuais e quando as editoras iniciavam o processo de digitalização dos seus acervos. Com o Portal, a CAPES passou a centralizar e otimizar a aquisição desse tipo de conteúdo, por meio da negociação direta com editores internacionais. (CAPES, 2015).

No contexto de sua utilização, o Portal de Periódicos da CAPES constitui-se no maior portal brasileiro de informação científica e tecnológica disponível no Brasil para acesso. Apenas as instituições conveniadas têm acesso ao Portal, e a Unioeste é uma dessas instituições conveniadas, de modo que contribui e deposita, ininterruptamente, as informações científicas que são produzidas a cada ano. Por isso, por meio da Seção de Periódicos de Marechal Cândido Rondon assume-se a responsabilidade de promover a divulgação do Portal, com a finalidade de ampliar o acesso aos seus conteúdos pela comunidade acadêmica local, pelo acesso local e remoto.

Quanto aos conteúdos disponíveis, é possível acessar bases de dados, periódicos eletrônicos, obras de referência, textos completos de livros, arquivos abertos, estatísticas, patentes entre outros. O Portal é autoexplicativo e, por meio de seus menus e submenus, podemos visualizar os seus conteúdos no processo de busca da informação, corroborando com a observação de Cendon e Ribeiro (2014, p. 157), pois, "Dada a sua importância, relevância e porte, o Portal deveria ser objeto de atenção e estudo de profissionais e pesquisadores".

O projeto Capacitação para uso do Portal CAPES foi iniciado em 2013, com o objetivo de capacitar a comunidade acadêmica da Unioeste, Câmpus de Marechal Cândido Rondon, para o uso de tal ferramenta de informação – o Portal de Periódicos da CAPES – na utilização do acervo daquela biblioteca virtual para suas atividades de ensino, pesquisa e extensão. Tem como objetivo específico: treinar a comunidade acadêmica; ampliar o número de acessos ao Portal de Periódicos; oferecer, além da publicação impressa existente na biblioteca, alternativas de pesquisa, com textos completos, nacionais e internacionais renomados, de qualidade, para subsidiar as pesquisas desenvolvidas pela comunidade acadêmica. Segundo Soares (2015),

> Atualmente, com o acentuado desenvolvimento da informática e das tecnologias de ensino a distância, que se tornaram fundamentaispara a modernização do ensino, não se concebe mais estudos degraduação e pós-graduação sem o emprego de equipamentos deinformática: laboratórios, salas especiais, materiais didáticos, como softwares, bibliotecas mais equipadas, além das pesquisas por meio dainternet. Constituem-se, o conjunto desses instrumentos, ferramentasimprescindíveis ao aprendizado contemporâneo. E surge, nesse contexto, o Portal de Periódicos da Capes, pois o próprio conceito de disponibilidadede informação foi sendo modificado pela implantação das redes que interligam instituições, bibliotecas e usuários. (SOARES, 2015, 190).

A atualização do acervo de periódicos especializados em uma biblioteca demanda custos, tanto para títulos nacionais como para os internacionais. Por questões econômicas, muitas editoras de instituições migram para o formato *on-line*, e as bibliotecas tendem a buscar soluções para acompanhar essas transformações. Preocupados com a sustentabilidade financeira, concordamos com Levacov (2013, p. 2), segundo a qual, "No futuro, as bibliotecas terão um acervo menos tangível para justificar o dinheiro gasto". Já se percebe nas bibliotecas, especificamente na seção de periódicos, a evasão de editores institucionais no que se refere às publicações impressas, tendo como justificativas a produção e a divulgação posterior de seus trabalhos.

A partir da participação em cursos de treinamentos, oferecidos pelas editoras do Portal CAPES, tais como Thomson Reuters, Gale, Emerald, ProQuest, entre outras, comprometemo-nos com o desafio de sermos multiplicadores, divulgando essa ferramenta entre a comunidade acadêmica de Marechal Cândido Rondon e ampliando o leque de possibilidades e recursos informacionais, especificamente os periódicos. Conforme CAPES (2015), "O Portal de Periódicos foi criado tendo em vista o déficit de acesso das bibliotecas brasileiras à informação científica internacional."

1 Procedimentos metodológicos

Este trabalho é fruto de uma pesquisa desenvolvida por uma equipe de trabalho composta por quatro servidores da biblioteca e um da seção de informática, do Câmpus de Marechal Cândido Rondon, resultando na necessidade de realização do treinamento específico. Para tanto, elaboramos um plano mínimo de aula a fim de atender, por meio de turmas agendadas, os alunos da graduação e da pós-graduação dos três períodos (manhã, tarde e noite) em, pelo menos, uma hora e trinta minutos, podendo se estender até duas horas.

O desenvolvimento do trabalho contempla cinco itens: apresentação do Portal; cadastramento no Meu Espaço (para identificação do usuário); repasse de informações sobre as bases de dados, exemplo, Scielo, Google Scholar, Latindex, Web of Science; simulação de pesquisas (os alunos executam a busca de assuntos de acordo com a sua área de conhecimento) e, por fim, respondem a um questionário de avaliação com cinco perguntas fechadas, cujo objetivo é saber como realizavam as pesquisas na Internet antes de conhecer o Portal. Também são questionados quanto à utilização de periódicos como referência em suas pesquisas; quais as considerações sobre o Portal como recurso didático; quanto ao número de artigos encontrados em sua área de conhecimento; à satisfação, ou não, com o resultado da pesquisa. São, ainda, questionados sobre as suas preferências quanto ao formato das revistas, ou seja, se preferem o formato impresso ou o formato *on-line* e, por fim, em espaço para comentários, o participante do treinamento tem a oportunidade para avaliar o treinamento, informar em que pontos o trabalho deve ser melhorado ou em quais bases os participantes têm mais dificuldades.

Algumas opiniões extraídas do questionário aplicado aos participantes demonstram o nível de satisfação dos participantes:

> 'Treinamento de grande importância para se utilizar como ferramenta de pesquisa e desenvolvimento de projetos de pesquisa'.
> 'Muito interessante o Portal, pois posso realizar buscas e aumentar meu conhecimento'.
> 'Aprendi muito com a palestra, portanto, a partir de hoje vou usar com frequência o Portal'.
> 'É uma ótima ferramenta de busca'.
> 'Gostei muito do treinamento, pois não conhecia as opções de pesquisas disponíveis'.
> 'Parabéns pela oficina, não sabia do que se tratava o Portal, agora eu sei'.
> 'Muito boa essa oficina! Parabéns'.
> 'Muito boa e bem clara a apresentação'.
> 'O treinamento foi muito bom e atendeu minhas expectativas'[33].

Essas frases estão registradas nas respostas do questionário que, além de ser um processo de avaliação, com críticas positivas e negativas sobre o processo, contribui para o avanço e a melhoria dos pontos ainda frágeis no desenvolvimento do treinamento.

---

33 Fragmentos das respostas obtidas por meio da aplicação de questionário aos participantes do treinamento realizado em 2013 no Câmpus de Marechal Cândido Rondon com os alunos da graduação e da pós-graduação dos três períodos (manhã, tarde e noite).

Fotografia 1 – Treinamento realizado em 2013, no Câmpus de Marechal Cândido Rondon

Fonte: BEJIO, Helena Soterio. Treinamento realizado em 2013, no Câmpus de Marechal Cândido Rondon. 2013. 1 fotografia.

Dos dados contabilizados desde o início do projeto de capacitação em 2013, temos o quantitativo de 638 graduandos e 59 mestrandos e doutorandos. Em 2014, 134 alunos da graduação e 97 alunos da pós-graduação, totalizando 772 graduandos e 156 mestrandos e doutorandos.

2 Resultados e discussão

Em 2013 tivemos a participação de 638 graduandos e 59 mestrandos. Conforme os dados dispostos na Tabela 1, somente 86 participantes conheciam o Portal da Capes e 553 não o conheciam. Observamos também que, entre os mestrandos, talvez devido ao fato de os mesmos já terem experiências em outras instituições, mais de 50% já conheciam o Portal. Em 2014, como a grande massa da comunidade acadêmica fora atendida no ano de 2013, o número de demanda foi menor, restrita às novas turmas de graduação, mestrados e doutorados, conforme indicações nas Tabelas 1 e 2.

Tabela 1 – Já tinham conhecimento do Portal

	Sim		Não	
Acadêmicos	2013	2014	2013	2014
	67	9	516	125
Mestrando e Doutorando	19	11	37	86
Total	86	20	553	211

Fonte: Elaborada pela autora.

Em análise da documentação sobre o questionamento da Tabela 1, observamos por suas respostas que conheciam, mas, não fazem uso da ferramenta de forma efetiva.

Tabela 2 – Como realizam uma busca de um assunto na Internet

	Portal de Periódicos		Google		Outras bases		Não responderam	
	2013	2014	2013	2014	2013	2014	2013	2014
Acadêmicos	96	10	458	89	4	20	25	15
Mestrandos e Doutorandos	9	28	41	48	6	41	0	8
Total	105	38	499	137	10	61	25	23

Fonte: Elaborada pela autora.

No questionário aplicado, foi perguntado como eles realizavam a busca de um assunto na internet (Tabela 2), de modo que verificamos que o Portal é usado por 143 participantes, 636 fazem uso do google, 71 participantes usam outras bases como Scielo, Embrapa, yahoo, Science Direct etc. e 48 não responderam.

Considerações finais

A partir do treinamento e do resultado da pesquisa aplicada à comunidade acadêmica alcançada pelo projeto, a ferramenta do Portal de Periódicos e seu posterior uso passou a ser disseminada entre os acadêmicos e servidores do Câmpus, uma vez que cada participante passou a ser, também, um multiplicador do treinamento, ampliando para outros pesquisadores o que aprenderam ou conheceram, fator que espera como resultado que suas pesquisas gerem produções científicas de alto nível.

Considerando a utilização da Internet e da informática como instrumentos auxiliares na educação e, como o Portal é uma ferramenta de pesquisa, busca e acesso *on-line*, cada usuário encontra a sua comodidade de uso dentro ou fora da Biblioteca que está sempre de portas aberta para oferecer os seus serviços à comunidade acadêmica em prol da produção de conhecimentos. Nesse sentido, os treinamentos para o uso do Portal de Periódicos da CAPES tem a característica de ser um processo permanente e contínuo, pois a universidade não para, havendo sempre novos alunos, novos docentes, novos Agentes Universitários e novos Estagiários. Nessa ferramenta sempre haverá a presença do novo, seja o *layout* da página do portal, seja a possibilidade de uso de novos aplicativos, novas bases, novos conhecimentos para subsidiar a produção acadêmica, havendo a necessidade de um mediador, o Bibliotecário, pois, por se tratar de uma ferramenta virtual,

> O Portal de Periódicos continua buscando inovação em 2014. A principal melhoria relacionada à este ano foi a mudança na interface do Portal. Apesar da alteração ter acontecido por determinação da Secretaria de Comunicação Social da Presidência da República (Secom/PR), a CAPES aproveitou a oportunidade para modernizar e incluir outros serviços para usuários do Portal de Periódicos. (CAPES, 2015).

Essa inovação é facilmente perceptível. Conforme as imagens que representam as interfaces atual e anterior, percebe-se, na imagem atual, os destaques na central de conteúdos, do menu esquerdo da página inicial, possibilitando o acesso aos materiais didáticos, áudio, imagem, vídeo entre outros.

Imagem 1 – Interface atual

Fonte: CAPES (2014)

Imagem 2 – Interface anterior

Fonte: CAPES (2013)

Em se tratando de tecnologias, a inovação é permanente, visando facilitar e promover a evolução e socialização do conhecimento, fenômeno que se percebe com maior força a partir da década de noventa, por meio de estudos publicados sobre os impactos da utilização de ferramentas tecnológicas no meio acadêmico, o que vem ganhando espaço e agregando valor aos estudos sobre técnicas e formas de acesso aos produtos científicos.

Com as facilitações ofertadas pelo Portal da Capes, observa-se que o debate e o interesse em investir em meios de comunicação entre os pesquisadores são crescentes, fator que reflete em maior sinergia e troca de experiências entre os pesquisadores, bem como fortalece o trabalho de equipes multiprofissionais, uma vez que, dentro desse contexto, é essencial a participação de diferentes profissionais, como: os pesquisadores de todas as áreas, os bibliotecários, os profissionais de Tecnologia da Informação, os educadores, os gestores das instituições, entre outros, pois, na

> busca por alternativas inovadoras e mais satisfatórias, o meio eletrônico foi vislumbrado como a esperança da solução há muito buscada, já que oferece mais rapidez na comunicação e flexibilidade de acesso, tem largo alcance e baixo custo relativo, disponibilidade imediata, é capaz de diminuir a necessidade de manutenção de coleções, barateando os custos. (CAMPELLO, 2007, p. 77).

É com o intuito de colaborar e ampliar o nível de abrangência dessas alternativas inovadoras que esta pesquisa está sendo desenvolvida, em especial visando ampliar e melhorar o acesso às tecnologias digitais e aos modelos de comunicação propiciados pelo portal da Capes como forma de divulgar os trabalhos desenvolvidos pelos profissionais e acadêmicos da Instituição, além de contribuir na formação de multiplicadores do treinamento, oportunizada a partir dessa proposta de trabalho.

REFERÊNCIAS

ASSOCIAÇÃO BRASILEIRA DE NORMAS TÉCNICAS, NBR 10520: informação e documentação: Citações em documentos – Apresentação. Rio de Janeiro, 2002.

BEJIO, Helena Soterio, et al. **Capacitação para uso do Portal CAPES**: relato de experiência: relato de experiência. In: SEMANA DO SERVIDOR, 3., Foz do Iguaçu, 2013. CD-Rom.

CAMPELLO, Bernadete Santos et al. **Fontes de Informação para Pesquisadores e Profissionais**. Disponível em: < https://books.google.com.br/books?id=GbPc-E5WQHAC&pg=PA86&lpg=PA86&dq=Fontes+de+Informa%C3%A7%C3%A3o+para+Pesquisadores+e+Profissionais&source=bl&ots=oxsqdRfxfY&sig=5RXbR7GZ-0a9sO8JtGuWxQaqthYs&hl=pt-BR&sa=X&ved=0CFQQ6AEwCWoVChMIjNHnyM-xyAIVC5OQCh3vIwIw#v=onepage&q=Fontes%20de%20Informa%C3%A7%C3%A3o%20para%20Pesquisadores%20e%20Profissionais&f=false> Acesso em: 28 abr. 2015.

CENDON, Beatriz Valadares; RIBEIRO, Nádia Ameno. **Análise da literatura acadêmica sobre o Portal Periódico CAPES**. Portal de Periódicos CAPES/MEC. Disponível em: <http://scholar-google-com--br.ez89.periodicos.capes.gov.br/scholar?hl=pt-BR&q=%22An%C3%A1lise+da+literatura+acad%C3%AAmica+sobre+o+Portal+Peri%C3%B3dico+CAPES%2CBeatriz+Valadares+Cendon+%2C+N%C3%A1dia+Ameno+Ribeiro+%22&btnG=&lr=>. Acesso em: 28 abr. 2015.

Coordenação De Aperfeiçoamento De Pessoal De Nível Superior (CAPES). Disponível em: <www-periodicos-capes-gov-br>. Acesso em: 28 abr. 2015.

COSTA, Luciana Ferreira da. **Usabilidade do Portal de Periódicos da CAPES**. 2008. 236 F. Dissertação. (Mestrado em Ciências da Informação) – Centro de Ciências Sociais Aplicadas. Universidade Federal da Paraíba. João Pessoa, 2008. Disponível em: <http://rei.biblioteca.ufpb.br/jspui/bitstream/123456789/133/1/LFC01022013.pdf>. Acesso em: 27 abr. 2015.

ISCHANNERL, H.L.; MARTINS, J.C. O gerenciamento de projetos na indústria de tecnologia da informação. **Bate Bayte**, ano 14, n.143, p.143, ago./set. 2004.

LEMOS, Antônio Agenor Briquet de; MACEDO, Vera Amalia Amarante. A posição da biblioteca na organização operacional da universidade. **Portal de Periódicos CAPES/MEC**. Disponível em: <http://scholar-google-com-br.ez89.periodicos.capes.gov.br/scholar?hl=pt-BR&q=A+posi%C3%A7%C3%A3o+da+biblioteca+na+organiza%C3%A7%C3%A3o+operacional+da+universidade&btnG=&lr=>. Acesso em: 11 fev. 2015.

LEVACOV, Marília. **Bibliotecas virtuais**: (r) evolução? **Ciência da Informação**. [on-line]. 1997, v.26, n.2, ISSN: 1518-8353. Disponível em: <http://www.scielo.br/scielo.php?pid=S0100-19651997000200003&script=sci_arttext>.Acesso em: 1 out. 2013.

SOARES, G. A. D. O Portal de periódicos da Capes: dados e pensamentos. **Revista Brasileira de Pós-Graduação**, v.1, n.1, p. 10-25. 2004. Disponível em: <http://scholar-google-com-br.ez89.periodicos.capes.gov.br/scholar?hl=pt-BR&q=Portal+de+peri%C3%B3dicos+da+Capes%3A+dados+e+pensamentos&btnG=&lr=>. Acesso em: 27 abr. 2015.

SOARES, Maria do Carmo F. Experiência didática utilizando o Portal de Periódicos da CAPES no Programa de Pós-Graduação em Recursos Pesqueiros e Aquicultura da Universidade Federal Rural de Pernambuco. **Portal de Periódicos CAPES/MEC**. Disponível em:<http://scholar-google-com-br.ez89.periodicos.capes.gov.br/scholar?hl=pt-BR&q=Experi%C3%AAncia+did%C3%A1tica+utilizando+o+Portal+de+Peri%C3%B3dicos+da+Capes+no+Programa+de+P%C3%B3s-Gradua%C3%A7%C3%A3o+em+Recursos+Pesqueiros+e+Aquicultura+da+Universidade+Federal+Rural+de+Pernambuco%22&btnG=&lr=> Acesso em: 27 abr. 2015.

SEGUNDO EIXO

QUALIDADE DE VIDA E AÇÕES PREVENTIVAS PARA A MELHORIA E O CUIDADO COM A SAÚDE DOS SERVIDORES DA UNIOESTE

VALORIZAÇÃO DO (SER)VIDOR DA UNIOESTE:
a prevenção de riscos à saúde ocupacional em perspectiva

Nelci Janete dos Santos Nardelli[34]
Ana Cristina Damian[35]
Laura Cristina Chaves Romero[36]
Lairton Milani[37]
Rosana Rossetin Lima[38]
Rodrigo Suzuki[39]

Introdução

O tema Saúde do Trabalhador tem sido problematizado e objeto de pesquisa de profissionais de diversas áreas, o que tem permitido ampliar a visão de mundo acerca do cuidado com a saúde dos trabalhadores, independente das funções que executam, tendo em vista que a "regulamentação e controle das condições e ambientes de trabalho eram exclusivamente atribuições do Ministério do Trabalho" (LACAZ, 1996) e, com a promulgação da Constituição Federal de 1988, a sociedade brasileira passa a ter, na tessitura da lei, a saúde como um direito social, incluindo a saúde dos trabalhadores, tal como disposto no Art. 198:

> Art. 198. As ações e serviços públicos de saúde integram uma rede regionalizada e hierarquizada e constituem um sistema único [...]Art. 200. Ao sistema único de saúde compete, além de outras atribuições, nos termos da lei: I - controlar e fiscalizar procedimentos, produtos e substâncias de interesse para a saúde e participar da produção de medicamentos, equipamentos, imunobiológicos, hemoderivados e outros insumos; II - executar as ações de vigilância sanitária e epidemiológica,

---

34 Mestre, Unioeste, Reitoria, Cascavel, Paraná, nelci.nardelli@unioeste.br.
35 Especialista, Unioeste, Reitoria, Cascavel, Paraná, ana.damian@unioeste.br.
36 Especialista, Unioeste, Reitoria, Cascavel, Paraná, laura.romero@unioeste.br.
37 Mestre, Unioeste, Campus de Toledo, Toledo, Paraná, lairton.milani@unioeste.br
38 Especialista, Unioeste, Reitoria, Cascavel, Paraná, rosana.lima@unioeste.br
39 Graduado, Unioeste, Reitoria, Cascavel, Paraná, rodrigo.suzuki@unioeste.br

bem como as de **saúde do trabalhador** [...] VIII - colaborar na proteção do meio ambiente, nele compreendido o do trabalho. (BRASIL, 1988, s/p., grifo nosso).

No decorrer do tempo, a palavra trabalho, do latim *tripalium*, vai incorporando novos sentidos, e pode se traduzir em uma atividade inerente ao ser humano para garantir seu desenvolvimento, o grande responsável pela relação do homem com a transformação da natureza; portanto, algo de importância crucial na vida humana, já que é por meio do trabalho que os homens conseguem obter e satisfazer seus desejos, transformando-o em parte integrante da existência do ser se realizado com satisfação, pois, a diferença está no valor que lhe é dado, ou seja, o valor de um instrumento para a vida e não o objetivo único desta.

Assim, o cuidado com a saúde e com a segurança do trabalho é fundamental para se garantir a dignidade humana, ou seja, um desafio aos gestores de pessoas que pretendem alcançar essa dignidade por meio da plena valorização do direito à vida. Por esses fatores e pela importância no cuidado com a pessoa, especialmente de forma preventiva, tornou-se imprescindível a implantação do Serviço Especializado em Engenharia de Segurança e Medicina do Trabalho (SESMT) na Unioeste.

De acordo com Albuquerque e Limongi-França (1998), a "implantação de melhorias e inovações gerenciais, tecnológicas e estruturais dentro e fora do ambiente de trabalho, visando propiciar condições plenas de desenvolvimento humano para e durante a realização do trabalho" pode ser traduzida em qualidade de vida.

A partir das Conferências Nacionais de Saúde do Trabalhador[40], tem-se ampliado o espaço para um debate com proposições afirmativas entre os setores do governo, e inclui-se, nesse contexto, a Universidade, como instância que tem a missão de disseminar o conhecimento e, com ele, a busca pela melhoria contínua da qualidade de vida. Porém, nos relatórios extraídos dessas conferências, observa-se uma imensa dificuldade de implementar ações efetivas, de caráter preventivo, em razão de diversos fatores, dentre eles, a questão cultural, pois, embora tenha sido instituída por meio da Portaria Ministerial nº 1.823/2012 uma Política Nacional de Saúde do Trabalhador e da Trabalhadora, este instrumento, por si só, não é

---

40 As Conferências Nacionais de Saúde do Trabalhador são realizadas e autorizadas pelo Ministério da Saúde/Conselho Nacional de Saúde, conferindo um espaço legítimo para a discussão e implementação de políticas e ações no âmbito da saúde do trabalhador que, em 2014, realizou sua quarta edição. Disponível em: <http://portalsaude.saude.gov.br/index.php/o-ministerio#58e http://www.conselho.saude.gov.br/web_4cnst/index.html>. Acesso em: 5 julh. 2015.

suficiente para a construção coletiva de uma proposta que abarque toda a complexidade inerente ao contexto da saúde, especialmente no que tange às ações de prevenção à saúde do trabalhador.

Este enfoque preventivo propicia uma visão do trabalho que transcende a ideia de ambiente e pessoas que ocupam um determinado espaço, pois, coloca a saúde do servidor como um dos pilares para o equilíbrio entre o bem-estar biológico e psíquico.

Embora se perceba uma linha tênue entre as questões de trabalho e da vida pessoal, ambas tratam de questões relacionadas à promoção da qualidade de vida dos indivíduos. Assim, tão importante quanto as condições de vida de cada ser humano são as práticas desenvolvidas no ambiente de trabalho, já que é neste ambiente que o ser humano desenvolve grande parte de sua vida, conforme explica Peter Drucker (1972), pois, "na fase adulta, já é possível alguém saber se trabalha melhor pela manhã ou à noite [...] se trabalha melhor como membro de uma equipe ou sozinho", ou ainda, se trabalha melhor sob pressão ou com tempo livre para concluir suas tarefas sem prazo preestabelecido, garantindo-lhe maior eficácia na conclusão dessa tarefa, sendo que essa percepção, tanto por parte do indivíduo, quanto de seu gestor/empregador, pode ser fundamental para o surgimento, ou não, de alguns tipos de doenças.

Neste contexto, este projeto propiciou a implantação do Serviço Especializado de Segurança e em Medicina do Trabalho (SESMT), e emerge a partir de uma preocupação comum entre os servidores e a gestão administrativa no que tange ao significativo número de afastamento do trabalho por motivo de doenças físicas, psicossomáticas ou por acidentes que poderiam ser evitados. Essa preocupação se confirmou com a aplicação de um questionário *on-line*, direcionado aos servidores efetivos da Unioeste, com perguntas sobre sua formação, sua área de interesse profissional, sua saúde e sugestões de programas para a melhoria da saúde no ambiente de trabalho.

Durante a execução do projeto, 234 servidores concordaram em participar da pesquisa, acatando o "Termo de Consentimento Livre e Esclarecido" tanto para a análise e divulgação de suas respostas, com utilização para fins exclusivamente científicos, quanto para a composição da equipe de trabalho que estaria vinculada ao SESMT, caso o servidor tivesse interesse.

A partir da análise das respostas dos participantes da pesquisa, foram detectadas as lacunas existentes no processo de assistência e apoio aos servidores, especialmente quando passam por algum problema de saúde, e, como sugestão, os participantes descreveram os programas e ações que a instituição poderia instituir para promover o acompanhamento e as orientações que lhes permitam uma melhor qualidade de vida no e para o trabalho.

É de senso comum, no âmbito da Unioeste, a crença de que o déficit de pessoal e a morosidade de reposição das vacâncias ocorridas nos últimos anos[41] por exoneração, aposentadoria ou falecimento, somado às novas exigências laborais e ao ritmo acelerado de crescimento físico da Instituição, acarretaram em sobrecarga no cotidiano. Em decorrência disso, há um cenário propício ao surgimento de insatisfação e desmotivação de alguns profissionais, sendo esse um dos fatores que pode gerar o estresse excessivo, com consequente afastamento do trabalho. Vale ressaltar que o

> estresse, apesar de tantas evidências, somente veio a ser reconhecido como uma patologia na década de 1970, quando Hans Selye, um famoso médico e pesquisador, desenvolveu a teoria da Síndrome da adaptação geral para explicar a relação entre o estresse e esses sintomas físico-fisiológicos. (HOLLENBECK, apud PEREIRA, 2014, p. 111).

Por outro lado, o próprio fato de não existir, de forma preventiva, uma cultura de estímulo ao cuidado com a pessoa, bem como a inexistência de um setor específico para assumir essa atribuição, tende ao agravamento desse quadro, o que culmina no absenteísmo e em prejuízos irreparáveis à saúde dos servidores e da própria instituição, pois,

> dos diversos elementos que compõem um programa de gestão de Segurança e Saúde no Trabalho – SST, os três [...] cultura, ferramentas e objetivos, se avaliados conforme a importância, sem dúvida, os aspectos culturais representam, de longe, o que há de mais significativo, facilitando, inibindo ou inviabilizando seu sucesso. (OLIVEIRA, 2003, p. 4).

Diante deste contexto, somado à vontade da gestão administrativa em investir no cuidado com as pessoas que desenvolvem suas atividades na Unioeste, especialmente de forma preventiva, a implantação do SESMT efetivamente se concretizou por meio de proposta de resolução, a qual foi elaborada pelos participantes do projeto em conjunto com um Grupo de Trabalho instituído para este fim e aprovada pelo Conselho Universitário

---

41 De acordo com a Pró-Reitoria de Recursos Humanos, o processo de reposição e ampliação de vagas para a Carreira Técnica Universitária na Unioeste está em fase de tramitação no âmbito do Estado, sendo que a última reposição de servidores efetivos, para a área Administrativa, nos *Campi* e Reitoria, ocorreu em 2002.

– COU[42] –, legitimando e corroborando com as ações propostas pelos servidores por meio de um documento oficial do órgão máximo da Instituição.

Desde então, iniciaram-se, paulatinamente, os trabalhos inerentes à área de prevenção e acompanhamento dos servidores, como, por exemplo, a área de psicologia, a qual está em pleno desenvolvimento no espaço físico do Câmpus de Cascavel, com possibilidade de atendimento aos servidores de todos os *campi* e do Hospital Universitário do Oeste do Paraná (HUOP). Outras ações são incorporadas ao programa, de forma gradativa, pois, em razão da falta de pessoal especializado para toda a demanda apresentada, a única forma de atingir os objetivos propostos neste projeto e para a consolidação do SESMT é agregar e ampliar os projetos desenvolvidos na comunidade acadêmica, nas diversas áreas de conhecimento, sendo a área de Segurança e Medicina do Trabalho uma das mais necessárias nesta fase do projeto.

A eliminação dos riscos de acidentes dentro da organização é questão de bom senso, respeito e valorização das pessoas, o que requer não somente um gerenciamento efetivo, mas também o conhecimento, a avaliação da frequência e da consequência do ambiente ou atividade perigosa, sendo que "a identificação destes fatores de risco exige uma série de análises que, em algum momento, não se apresentam confiáveis, exigindo para isto, dados técnicos e modelos matemáticos para simulação destes fenômenos, requerendo disponibilidade de tempo, recursos materiais e financeiros" (CARDELLA, 1999).

Neste viés, e, partindo do pressuposto que os cuidados com a saúde e com a segurança dos profissionais inseridos neste contexto organizacional é fundamental para se garantir a dignidade humana, acredita-se que, para estabelecer, com eficácia, qualquer política voltada para esses cuidados, deve-se pensar e agir de forma preventiva, adotando estratégias que possam estabelecer uma mudança de cultura no que se refere à valorização e ao direito à saúde plena e a satisfação no trabalho, "um sentimento agradável que resulta da percepção de que nosso trabalho realiza ou permite a realização de valores importantes relativos ao próprio trabalho" (PEREIRA, 2014, p. 107); ou seja, um desafio aos gestores de pessoas que pretendem alcançar essa dignidade por meio da plena valorização e do direito à melhoria contínua da qualidade de vida das pessoas que compõem o quadro organizacional.

---

42 O Conselho Universitário – COU –, órgão máximo normativo e deliberativo da Unioeste, aprovou a Resolução nº 158/2013-COU, que cria e implanta o Serviço Especializado em Engenharia de Segurança e Medicina do Trabalho (SESMT), e a Resolução nº 159/2013-COU, que aprova o Regulamento do SESMT. Disponível em: <http://www.unioeste.br/servicos/arqvirtual/arquivos/>. Acesso em: 5 julh. 2015.

Com base nessa percepção, iniciou-se a segunda etapa do projeto, o qual foi subdividido em três eixos, cada um desses desenvolvido e coordenado por uma equipe distinta, distribuído da seguinte forma: a) mapeamento das demandas emergenciais na área de prevenção e de riscos à saúde ocupacional, objeto deste projeto; b) estratégias de prevenção e cuidado com a saúde do servidor e, c) levantamento da incidência de problemas de saúde ocasionados pela atividade desenvolvida pelo servidor, iniciando pela caracterização do absenteísmo no Hospital Universitário do Oeste do Paraná.

Portanto, o objetivo principal deste projeto é minimizar, controlar e neutralizar, quando possível e de forma gradativa, os riscos ambientais no cotidiano do trabalho dos servidores da Unioeste, atendendo às exigências das Normas Regulamentadoras de segurança no trabalho – NR's –, com a elaboração do Programa de Prevenção de Riscos Ambientais (PPRA). Para alcançar este objetivo, é fundamental a participação dos setores afetos e a contribuição da administração de cada unidade, adotando uma estratégia de "força-tarefa" para concretizar, em primeiro lugar, o mapeamento das demandas emergenciais na área de prevenção à saúde ocupacional, com vistas a prevenir os riscos à saúde dos servidores, tanto no que tange às questões estruturais, quanto ao aspecto de formação e sensibilização da importância dos cuidados com a saúde e como cada indivíduo pode contribuir para minimizar estes riscos originários por suas atividades laborais.

De acordo com estudiosos da área de segurança, a identificação e o tratamento adequado aos riscos ambientais nas organizações evitam incalculáveis prejuízos que afetam centenas de empresas e incapacitam milhares de trabalhadores todos os anos no Brasil (PONTES et al., 2004). Assim, o PPRA vem subsidiar o preenchimento do Perfil Profissiográfico Previdenciário (PPP), oportunizando que todos os servidores tenham condições de avaliar os riscos de cada função e, assim, possam refletir sobre a melhor forma de desempenhar suas atividades, com o mínimo de risco à saúde, bem como, possam se tornar multiplicadores das informações importantes para a prevenção e a segurança de cada função, promovendo a mudança da cultura organizacional neste aspecto.

1 Procedimentos metodológicos

Para a consecução deste projeto, o desenvolvimento das atividades foi norteado pela busca de respostas para o problema posto: como implantar uma cultura de cuidado com a saúde dos servidores da Unioeste? E, para ousar avançar nesse processo, faz-se necessário aprofundar e buscar, na literatura, o conceito de cultura para além daquela construída sob a ótica de um legado ou da simples transmissão de hábitos e costumes, pois as realidades sociais estão sempre em processo de construção.

E, então, nos deparamos com o papel Institucional nesse contexto: eis que estamos inseridos num contexto universitário e, ao considerarmos o papel da Universidade, temos que ela "deve solucionar atualmente um problema para o qual sua tradição não a preparou, a relação entre a cultura e a massificação de seu recrutamento." (CERTEAU, 2003, p. 101).

A proposta metodológica deste trabalho está ancorada na pesquisa--ação, haja vista o exercício de análise de uma realidade que se pretende modificar, portanto, uma pesquisa que nasce de uma "base empírica" e transcende para ações que visam solucionar os problemas existentes e vivenciados pelos "pesquisadores e participantes [...] envolvidos de modo cooperativo ou participativo." (THIOLLENT, 2003, p. 14); além de sua característica de pesquisa quantitativo-descritiva, conforme definida por Lakatos e Marconi (1990) e Gil (2002), uma vez que tal pesquisa incorpora a descrição, o registro, a análise e a interpretação dos fenômenos observados no cotidiano dos participantes da pesquisa descritiva, a qual visa descrever características específicas do grupo de indivíduos alcançados pela pesquisa, com o estabelecimento de relações entre variáveis.

Percebe-se que não é uma tarefa simples, mas, ao contrário, trata-se da necessidade de transformação de uma realidade posta e percebida no cotidiano, pois, não se pode negar que as práticas e os comportamentos sociais são afirmados ou negados em determinadas épocas e lugares, bem como que as regras de coerção se estabelecem nessas práticas, determinando uma forma de agir, pensar e, até mesmo, se impor. No entanto, parafraseando Chartier (1995, p. 184), não é possível supor que haja uma homogeneidade cultural, pois, "tanto os bens simbólicos como as práticas culturais continuam sendo objeto de lutas sociais, em que estão em jogo sua classificação, suas hierarquizações, sua consagração (ou, ao contrário, sua desqualificação)", logo, a transformação e o processo de mudança cultural dependem, muito mais, da vontade do homem (do querer fazer), e aí está englobada a vontade política, do que, propriamente, das regras estabelecidas, as quais podem ser alteradas se essa vontade prevalecer.

E essa diversidade cultural é, também, construída num ambiente organizacional, pois, conforme definido por Chiavenato (2006),

> a cultura organizacional é a maneira costumeira ou tradicional de pensar e fazer as coisas, ou seja: são as normas informais e não escritas que orientam o comportamento dos membros de uma organização no dia a dia e que direcionam suas ações para o alcance dos objetivos organizacionais. (CHIAVENATO, 2006, p. 267).

Portanto, a cultura, assim como as pessoas, são passíveis de mudanças e, em uma organização que agrega diferentes tipos de pessoas e culturas, é perfeitamente possível disseminar preceitos culturais que propiciem essa mudança e o enriquecimento cultural.

A comunidade acadêmica alcançada por este projeto é constituída por grupos heterogêneos, uma vez que o projeto pretende abranger Docentes e Agentes Universitários, com diferentes níveis de escolaridade e com formação nas mais diversas áreas; assim, os grupos serão formados de acordo com interesses distintos dos indivíduos e relacionados ao processo de trabalho a ser desenvolvido.

Uma das características do projeto é a flexibilidade, pois a execução do mesmo deve ser formatada a partir das necessidades dos indivíduos, delineando-se o percurso para a constituição de programas que visem alcançar maior qualidade de vida no ambiente de trabalho e, também, fora dele, a partir do mapeamento das áreas de formação e de competências, de entrevistas iniciais, triagem, avaliações médicas e terapêuticas; atendimentos grupais entre outras ações concomitantes ou paralelas.

Para a concretização e consolidação do SESMT, faz-se necessária a realização de pesquisas quanti e qualitativas, especialmente aquelas oriundas do método de pesquisa-ação que, quando são

> vistas numa perspectiva transformadora e emancipadora, as ideias dão lugar a uma reciclagem que é diferente da formação da opinião pública, pois não se trata de promover reações emocionais e sim disposições a conhecer e agir de modo racional (THIOLLENT, 2002, p. 74).

Neste viés, e, partindo do pressuposto de que há vontade dessa transformação, esta pesquisa, caracterizada como estudo de caso aplicada na Unioeste, está sendo desenvolvida em três etapas: a primeira com a aplicação e análise do questionário *on-line*, encaminhado via e-mail para todos os servidores efetivos da Unioeste com adesão de 234 pessoas, as quais foram consideradas como amostragem para a continuidade do projeto e para avançar nas propostas extraídas da própria pesquisa.

As respostas aos questionários foram registradas e armazenadas na forma de banco de dados no programa *excel* e os escores alcançados foram compilados sob forma de gráficos, que são utilizados ao longo do desenvolvimento do projeto como parâmetros para o desenvolvimento de diversas ações institucionais, desenvolvidas pelo setor de recursos humanos.

Foi possível extrair das respostas dos participantes a contribuição que os servidores poderiam dar a partir das sugestões de ações necessárias, além de oportunizar que os próprios servidores participassem do projeto de forma ativa, com os conhecimentos que cada um possui em sua área de atuação ou formação, de acordo com seu interesse e, portanto, de forma voluntária. Em um dos dados apresentados, observou-se que, no corpo de servidores da Unioeste, já há um número de pessoas com formação nas áreas necessárias para a constituição do SESMT, porém, impossibilitados de exercer as funções de sua profissão por excesso de trabalho ou pelo desvio de função, haja vista que, administrativamente, não é possível delegar a um técnico de laboratório, por exemplo, a função de Enfermeiro, assim como o Docente que é Médico, não pode deixar de exercer suas funções do Magistério para atender no ambulatório, a menos que essa seja uma atividade desenvolvida por meio de projetos e que haja carga horária destinada para esse fim.

Essa dinâmica propiciaria, portanto, regulamentar e valorizar as atividades desses profissionais, formados nas mais diversas áreas, por meio de ações definidas nos projetos e programas que poderiam ser desenvolvidos a partir do resultado dessa pesquisa; ou seja, se há um impedimento legal ou limitador para que os servidores que têm formação e qualificação possam assumir outras funções, devidamente reconhecidas pelos órgãos competentes, então, que lhe seja oportunizado o reconhecimento e a valorização dessa formação superior, na área de seu interesse, por meio da otimização desses talentos nas ações necessárias para o bom desenvolvimento da Instituição que, ainda, não conta com número suficiente de servidores efetivos para o alcance de suas metas.

Partindo desse princípio, iniciou-se a segunda etapa do projeto a partir da organização das equipes multidisciplinares para a realização dos trabalhos, estando cada equipe responsável por uma das ações definidas em três eixos (Mapeamento; Prevenção e Absentísmo). Em razão da estrutura *multicampi* da instituição, para a elaboração do mapeamento descritivo dos ambientes físicos de cada setor, fez-se, primeiramente, uma análise, por meio da Pró-Reitoria de Recursos Humanos, de como essas unidades tratam a questão da segurança no trabalho para, então, traçar as prioridades de ações que deveriam ser provocadas e, assim, garantir que todas as unidades possam atender às legislações vigentes no que tange ao cumprimento das NR's, bem como a fim de que possam, efetivamente, consolidar um espaço de troca de informações e de divulgação dos trabalhos voltados para a segurança dos servidores.

Paralelamente a esse levantamento, a equipe de trabalho responsável pelas ações de prevenção à saúde do servidor, realizou o levantamento das patologias apresentadas por servidores da Unioeste, por meio de dados divulgados pela Perícia Oficial do Estado, o qual demonstra que, aproximadamente, 35%[43] do quadro de servidores da Unioeste apresenta algum tipo de patologia, o que implica, também, na necessidade de afastamento do trabalho, variando de um a três dias ou, até mesmo, por meses, dependendo da gravidade da patologia, conforme dados dispostos na Tabela 1.

Tabela 1 – Dados extraídos da Perícia Oficial do Estado,
Divisão de Medicina Ocupacional (DIMS)

TIPOS DE PATOLOGIAS	MÉDIA DE AFASTAMENTO (Apenas ilustrativa, pois varia de indivíduo para indivíduo e da gravidade)	Nº de Servidores com uma das patologias em 2012	Nº de Servidores com uma das patologias em 2013
Doenças Infecciosas e Parasitárias	De 3 a 7 Dias	4	11
Neoplasma	De 30 a 120 Dias	48	40
Doenças Sangue e Órgão Hematopoéticos	De 3 a 7 Dias	3	8
Doenças Glândulas. Endócrina, Nutricional e Metabólica	De 3 a 7 Dias	24	6
Transtornos Mentais	De 30 a 120 Dias	86	110
Doenças do Sistema Nervoso	De 30 a 120 Dias	14	19
Doenças do Olho e Anexos	De 15 a 30 Dias	18	33
Doenças do Ouvido e Apófise Mastóide	De 5 a 15 Dias	4	8
Doenças do Aparelho Circulatório	De 15 a 60 Dias	42	53

continua...

---

43 Considerando que em 2013 a Unioeste totalizava 2.208 servidores e 778 apresentaram algum tipo de atestado.

TIPOS DE PATOLOGIAS	MÉDIA DE AFASTAMENTO (Apenas ilustrativa, pois varia de indivíduo para indivíduo e da gravidade)	Nº de Servidores com uma das patologias em 2012	Nº de Servidores com uma das patologias em 2013
Doenças do Aparelho Respiratório	De 15 a 60 Dias	22	33
Doenças do Aparelho Digestivo	De 3 a 15 Dias	38	48
Doenças da Pele e do Tecido Celular Subcutâneo	De 3 a 15 Dias	5	9
Doenças Sistema Osteomuscular e Tecido Conjuntivo	De 3 a 15 Dias	164	127
Doenças Aparelho Geniturinário	De 3 a 15 Dias	35	38
Afecções Período Perinatal	De 30 a 60 Dias	0	0
Malformações Congênitas	De 30 a 120 Dias	0	2
Sint. Achados Exame	De 3 a 15 Dias	13	12
Lesões e Envenenamentos	De 15 a 30 Dias	124	114
Causas Externas de Morbidade Mortalidade.	De 15 a 30 Dias	1	0
Fatores que Influenciam Saúde	De 3 a 15 Dias	135	107
Total de Indivíduos		780	778

Fonte: Elaborada pelos autores. DIMS/SEAP Tabela 1. Dados 2012-2013 (adaptada para este trabalho).

Esta tabela ilustrativa ratifica que os investimentos em ações preventivas, especialmente àquelas que permitam maior segurança nas atividades laborais, são de extrema relevância e urgência, pois um contingente significativo de servidores tem se afastado do trabalho em decorrência de alguma patologia, ressaltando que ainda existem os casos não oficiais, ou seja, esses dados demonstram apenas aqueles que, efetivamente, passaram pela perícia médica.

Quanto à análise acerca dos documentos e ações que atendam às Normas Regulamentadoras de Segurança – NR's –, constatou-se que, das sete unidades que compõem a Unioeste (cinco *campi* em diferentes cidades, além do Hospital Universitário do Oeste do Paraná (HUOP) e da

Reitoria, apenas o HUOP tem concluído todos os documentos necessários para essa análise, também em razão da falta de pessoal especializado para esta função. Neste caso, dada a excepcionalidade e emergência nas ações de segurança, foi contratada uma Engenheira do Trabalho que, em conjunto com os membros da Comissão Interna de Prevenção de Acidentes (CIPA) elaboraram os mapas de risco.

As demais unidades têm alguns desses documentos iniciados, mas, em todas, há necessidade de complementação e de equipe de profissionais para concluir e disseminar as informações. Em Cascavel, faltavam apenas os mapas de risco dos prédios de Odontologia e de Fisioterapia, em Foz do Iguaçu faltam os mapas de risco e o Programa de Controle Médico de Saúde Ocupacional (PCMSO), em Francisco Beltrão faltam apenas os mapas de risco, em Marechal Cândido Rondon, Toledo e Reitoria estão em fase de levantamento dos dados e, por falta de profissional da área de segurança no trabalho, não foi possível a elaboração dos documentos até então.

Diante deste contexto, foram distribuídas as tarefas de forma a priorizar aquelas unidades que estavam com maior demanda, iniciando pelo Câmpus de Toledo, em razão da situação emergencial presente nos laboratórios, especialmente do curso de Química, ficando a cargo de um dos membros deste projeto, servidor com formação em Engenharia de Segurança do Trabalho, fazer os levantamentos necessários para o PPRA e, concomitantemente, apoiar e compor a CIPA daquele Câmpus, visando à racionalização das atividades que deveriam ser desenvolvidas.

Ao elaborar o problema desta pesquisa, ou seja, como implantar uma cultura de cuidado com a saúde dos servidores da Unioeste, tem-se ciência de que se trata de um desafio duplo, primeiro, pela própria natureza do tema, pois a mudança de cultura é um processo lento que exige muita persistência e disposição de quem propõe, e, segundo, pelo contexto em que este projeto se insere, uma instituição que tem, há mais de uma década, um alto déficit de pessoal para as atividades administrativas.

Neste sentido, dada a inexistência de profissionais para todas as áreas específicas, o processo de mapeamento, organização e divulgação de palestras e oficinas voltadas para esta temática, conta com o apoio de profissionais vinculados ao setor de recursos humanos de cada Câmpus, da Reitoria e do HUOP. Com esse trabalho coletivo, iniciar-se-á a terceira etapa do projeto, que é o processo de sensibilização e disseminação tanto dos documentos oficiais, que contemplam uma cultura de cuidado com a saúde, quanto as orientações e acompanhamento para o cuidado da saúde, especialmente, de forma preventiva.

Considerações finais

A interdisciplinaridade é caracterizada, neste projeto, por exigir estudos que integrem diversos campos do conhecimento e, este processo o envolvimento de pessoas com formação nas mais diversas áreas do conhecimento oportunizará a construção do trabalho científico, aplicável a uma realidade vivenciada pelos próprios autores, pois, ao oportunizar, no âmbito da Unioeste, o debate e os questionamentos relativos aos riscos ambientais a que estão expostos os servidores das diversas unidades, bem como aos cuidados com a saúde, amplia-se a visão de mundo acerca das possibilidades de proposição de medidas de controle que possam reduzir e, até mesmo, eliminar os acidentes de trabalho, por meio da antecipação, do reconhecimento e do monitoramento das atividades desenvolvidas nas mais diversas funções.

Neste sentido, não se tem a pretensão de transformar a realidade de forma imediata, e sim, contribuir com uma transformação paulatina e necessária para a melhoria desta realidade, não somente da qualidade de vida dos servidores, a partir de melhores condições de trabalho em um ambiente mais humanizado, mas, também, na eficiência da própria instituição, que, a partir de iniciativas como as propostas neste projeto e em outros tantos que são desenvolvidos pela comunidade interna, cumpre com seu papel social e legal na sociedade.

Tem-se a ciência de que a implantação do SESMT na Unioeste foi um avanço institucional, porém, uma iniciativa que não depende somente da vontade dos servidores ou da gestão administrativa da instituição para se consolidar, haja vista a necessidade de investimento financeiro e de pessoal para cada uma das etapas que precisam ser implementadas.

Contudo, o primeiro passo foi dado, e, hoje, é uma norma institucional, aprovada pelo órgão máximo da Instituição, a partir da qual o interesse de profissionais e pesquisadores da área tem avançado e conquistado espaços, tanto na provocação de debates produtivos acerca do tema, quanto do ponto de vista estrutural, com destinação de espaço físico, alocação de servidores e otimização dos diversos projetos desenvolvidos na área da saúde e da segurança no trabalho, o que agrega valor e transforma a cultura institucional que, a partir do investimento em ações que impactam diretamente na melhoria das condições de saúde e de trabalho, torna-se crível que é possível mudar um contexto negativo, do ponto de vista da saúde dos servidores, a partir de pequenas mudanças de hábitos, de costumes e de visão de mundo.

REFERÊNCIAS

ALBUQUERQUE, L. G.; LIMONGI-FRANÇA, A. C. Estratégias de Gestão de Pessoas e gestão da qualidade de vida no trabalho: o stress e a expansão do conceito de qualidade total. **Revista de Administração**, São Paulo, v. 33, n. 2, p. 40-51, Abr./Jun. 1998.

BRASIL. **Constituição** (1988). Constituição da República Federativa do Brasil. Disponível em: <http://www.planalto.gov.br/ccivil_03/constituicao/constituicaocompilado.htm>. Acesso em: 23 abr. 2015.

_____. Escola Nacional de Administração Pública. **Relatório de avaliação da política de Gratificação de Desempenho de Atividade Técnico-Administrativa** (GDATA). Brasília: ENAP, 2003.

_____. Lei n.º 6.515, Ministério do trabalho. Portaria 3.214/1978. **Normas regulamentadoras**. Atlas 2005.

_____. Ministério da Saúde. 3.ª Conferência Nacional de Saúde do Trabalhador: 3.ª CNST: **Trabalhar, sim! Adoecer, não!** Coletânea de textos / Ministério da Saúde, Ministério do Trabalho e Emprego, Ministério da Previdência Social. – Brasília: Ministério da Saúde, 2005.

_____. Lei n.º 6.514, de 22 de dezembro de 1977. **Altera o capítulo V do título II da consolidação das leis do trabalho, relativo à segurança e medicina do trabalho**. 50. ed. São Paulo: Atlas, 2002.

_____. Portaria n.º 3.214, de 08 de junho de 1978. **Aprova as normas regulamentadoras – NR – do capítulo V do título II da consolidação das leis do trabalho, relativo à segurança e medicina do trabalho**. 50. ed. São Paulo: Atlas, 2002.

CARDELLA, B. **Segurança no Trabalho** – Uma Abordagem Holística. São Paulo: Atlas, 1999.

CARVALHO, E. de A. A declaração de Veneza e o desafio transdisciplinar. **Revista Margem**. v. 1, p. 91-103, 1992.

CERTEAU, M. **A cultura no plural.** Campinas: Papirus, 2003.

CHARTIER, R. **A História Cultural entre práticas e representações.** Lisboa: Difel, 1990.

_____. "Cultura Popular": revisitando um conceito historiográfico. **Estudos Históricos.** Rio de Janeiro, v. 8, n. 16, p. 179-192, 1995.

CHIAVENATO, Idalberto. **Administração geral e pública.** Rio de Janeiro: Elsevier, 2006.

DRUCKER, Peter. **O Gerente Eficaz.** 3. ed. Rio de Janeiro: Zahar, 1972.

GIL, Antônio Carlos. **Como elaborar projetos de pesquisa.** 4. ed. São Paulo: Atlas, 2002.

LACAZ, F. A. C. **Saúde do trabalhador**: um estudo sobre as formações discursivas da academia, dos serviços e do movimento sindical. 1996. Tese (Doutorado em Saúde Coletiva) – Faculdade de Ciências Médicas. Universidade Estadual de Campinas. Campinas, 1996.

LAKATOS, E. M.; MARCONI, M. A. **Técnicas de pesquisa.** 2 ed. São Paulo: Atlas, 1990.

OLIVEIRA, João Cândido. **Segurança e saúde no trabalho**: uma questão mal compreendida. São Paulo em Perspectiva, v. 17, n.2, São Paulo abr./jun. 2003. Disponível em: <http://dx.doi.org/10.1590/S0102-88392003000200002>. Acesso em: 20 junh. 2015.

PEREIRA, Luciano Santana. **Motivação de indivíduos e grupos de trabalho.** Maringá: Cesumar, 2014.

THIOLLENT, Michel. **Metodologia da pesquisa-ação.** 11. ed. SP: Cortez, 2002. Coleção temas básicos de pesquisa-ação.

_____. **Metodologia da pesquisa-ação.** 12ª ed. São Paulo: Cortez, 2003.

RELATO DE EXPERIÊNCIA CUIDANDO DA SAÚDE DAS TRABALHADORAS:
coleta de exame preventivo de câncer cérvico-uterino e exame clínico das mamas

Kelly Jackelini Jorge dos Santos[44]
Denise Galletto[45]
Eni Ferreira Brisolla[46]
Fabiana Freitas Squerich[47]
Clarinha Wagner Horn[48]

Introdução

O câncer ginecológico no Brasil é uma das causas mais frequentes de morte entre mulheres, e sua incidência encontra-se entre as mais altas do mundo (OPAS, 1985). Quanto ao câncer de mama, alguns fatores de risco que estão relacionados com o desenvolvimento da doença são: menarca precoce, idade da primeira gestação a termo acima dos 30 anos, nuliparidade, uso de anticoncepcionais orais, menopausa tardia e terapia de reposição hormonal (BRASIL, 2011; 2011b).

O nódulo na mama é o principal sinal/sintoma, acompanhado ou não por dor mamária. Alterações na pele que recobre a mama também podem ocorrer, assim como abaulamentos, retrações e, ainda, nódulos palpáveis na axila e descarga papilar (BRASIL, 2011b).

Com o câncer de colo de útero ocorrem etapas bem definidas, com evolução lenta, com possibilidades de interrupção de seu avanço quando diagnosticado precocemente e com tratamento adequado com baixo custo. Os fatores de risco incluem: início da atividade sexual precoce, baixas condições socioeconômicas, multiplicidade de parceiros, precárias condições de higiene, tabagismo, uso prolongado de contraceptivos orais e exposição ao Papilomavírus Humano (HPV) (BRASIL, 2011c).

---

44 Mestre em Biociências e Saúde, UNIOESTE, HUOP, Cascavel, PR.
45 Especialista, UNIOESTE, HUOP, Cascavel, PR.
46 Graduação em Serviço Social, UNIOESTE, HUOP, Cascavel, PR.
47 Graduação em Gestão de Recursos Humanos, UNIOESTE, HUOP, Cascavel, PR.
48 Auxiliar de Enfermagem, UNIOESTE, HUOP, Cascavel, PR.

Diante dessa situação, nota-se a importância do desenvolvimento de práticas em saúde que abordem a prevenção do câncer ginecológico, detecção precoce, a promoção da saúde e assistência ao tratamento. Sendo assim, é de extrema relevância o papel realizado pela equipe de enfermagem no desenvolvimento de práticas de saúde que visem tanto à saúde individual quanto coletiva das mulheres.

Com a proposta angariada pela Universidade Estadual do Oeste do Paraná (UNIOESTE), no ano de 2012, de incentivo institucional ao desenvolvimento dos agentes universitários, nominado "Projeto do Plano de Desenvolvimento dos Agentes Universitários (PDA)", deu-se início, no mês de novembro de 2012, à implantação do projeto intitulado "Cuidado da saúde das trabalhadoras: Coleta de exame preventivo de câncer cérvico-uterino e exame clínico das mamas". Essa atividade foi adaptada de um projeto de extensão em funcionamento desde o ano de 2009, realizado pela equipe de enfermagem do Ambulatório do Hospital Universitário do Oeste do Paraná (HUOP).

Assim, o presente estudo teve como objetivo relatar a experiência de implantação de um PDA, realizado pela equipe de enfermagem do HUOP, no que tange à promoção da saúde ginecológica e prevenção do câncer cérvico-uterino e câncer de mama junto às mulheres trabalhadoras do HUOP e UNIOESTE.

1 Materiais e métodos/procedimentos metodológicos

Este estudo trata do relato de experiência de um PDA, desenvolvido por membros da equipe de enfermagem do HUOP da UNIOESTE, no município de Cascavel, PR.

As atividades assistenciais consistem na participação de mulheres trabalhadoras do HUOP, maiores de 18 anos, em atendimentos de Consulta Ginecológica de Enfermagem para coleta de preventivo do câncer cérvico-uterino, exame clínico da mama e solicitação de mamografias conforme protocolo do Ministério da Saúde (BRASIL, 2004).

A equipe desse projeto do PDA está composta por duas enfermeiras e três técnicas de enfermagem. Os agendamentos procedem com a disponibilidade de um número de ramal telefônico por meio do qual as clientes, após contato com um membro da equipe, agendam o dia e horário para o atendimento.

Uma das preocupações da equipe consiste em disponibilizar horários em diferentes períodos da manhã e da tarde para que aumente a frequência dos atendimentos. Outro cuidado e incentivo realizado pelo projeto é que esse atendimento à mulher se dê no horário de seu trabalho, evitando, assim, desculpas de falta de tempo e dificuldades de deslocamento até o local onde ocorre essa assistência em saúde.

Logo no início do dia do atendimento a mulher é encaminhada ao balcão de recepção para realização da ficha de atendimento, necessária ao sistema de faturamento do HUOP. Posteriormente, a equipe técnica de enfermagem efetua a realização de preenchimento de formulário de entrevista, dados iniciais da ficha de coleta do preventivo do câncer cérvico-uterino, ficha de solicitação de mamografia e livro de registro de pacientes.

No atendimento realizado pela enfermeira durante a Consulta de Enfermagem, procede-se com a realização do exame físico geral e ginecológico. Além das ações práticas, propriamente ditas, de coleta de preventivo, exame clínico da mama e solicitação de mamografias, é considerado como fundamental uma postura de atendimento partindo das necessidades reais e dúvidas apresentadas pela mulher, numa forma de diálogo proativo com troca de conhecimentos e experiências entre cliente e enfermeira.

Os dados, referentes à consulta são arquivados em sistema de registro de prontuário eletrônico "Sistema Tasy®". Esse sistema também contribui para a divulgação da programação de datas dos atendimentos com antecedência para que procedam ao agendamento e demais comunicados significativos, como datas de entrega de resultados de exames.

Além dos dados disponíveis no Sistema Tasy®, demais dados específicos para controle pela equipe são transferidos em planilha digital do programa Microsoft Excel® e monitorados constantemente para acompanhamento dos resultados de exames, agendamento de retornos e demais encaminhamentos necessários.

Os kits (embalagem, lâmina, escova de coleta endocervical e espátula de Ayre para coleta ectocervical) para a coleta dos exames, as requisições para os exames do Ministério da Saúde, os espéculos, spray fixador, luvas de procedimentos e arsenal mobiliário são os já utilizados pelo Ambulatório de Ginecologia do HUOP.

2 Resultados e discussão

Desde o início desse projeto, o qual se deu em novembro de 2012, até o mês de setembro de 2014, foram realizados 170 atendimentos, com enfoque para o cuidado à saúde ginecológica da mulher trabalhadora.

A Organização Mundial da Saúde (OMS) recomenda a cobertura de 80% a 85% de rastreamento da população de risco com o exame preventivo do câncer cérvico-uterino (OMS, 2002). No Brasil, é indicado para mulheres que já tiveram relação sexual, especialmente dos 25 aos 59 anos de idade, com periodicidade anual, sendo trienal quando dois exames anuais seguidos apresentarem resultados negativos para displasia ou neoplasia (BRASIL, 2006; MULLER et al., 2008; PINHO, FRANÇA-JUNIOR, 2003).

Quanto à faixa etária das participantes, aquelas com idade entre 40 e 49 anos somaram 46. Entre 20 e 29 anos e 30 e 39 anos somaram cada faixa etária 38 participantes. Na idade entre 50 e 59 anos 37 participantes. Menores de 19 anos 7 participantes e maiores de 60 anos 4 participantes.

A faixa etária prioritária estabelecida pelo Programa Nacional de Controle do Câncer do Colo do Útero e Câncer de Mama do Ministério da Saúde é aquela entre 25 a 59 anos. Ainda que mulheres pertencentes a outras faixas etárias com vida sexual ativa possam ser atendidas pelos programas de prevenção existentes, observa-se menor adesão ao exame tanto entre as mais jovens como entre aquelas de maior idade que a faixa etária estabelecida como alvo (MARTINS; THULER; VALENTE, 2005). No presente estudo, a menor prevalência de realização do exame foi encontrada dentro do grupo de mulheres com idade inferior a 19 anos e aquelas maiores de 60 anos, valores que correspondem à presença de menor número de mulheres nessa faixa etária trabalhando nessa instituição.

Pesquisa avaliando a faixa etária de rastreamento em mulheres atendidas nas Unidades de Saúde de São Paulo identificou que 24,3% dos casos de lesão intraepitelial escamosa de alto grau diagnosticados em 2006 ocorreram em mulheres com idade inferior ou igual a 25 anos, com destaque para as adolescentes, sugerindo a necessidade de avaliação das alterações cervicais entre mulheres mais jovens, com ações educativas e preventivas voltadas para esse grupo populacional (ETLINGER et al., 2008).

Em relação às mulheres acima de 59 anos atendidas pelo projeto, também foi identificada menor adesão ao exame que a observada na faixa etária de 25 a 59 anos. O término da idade fértil parece resultar numa diminuição na realização de consultas ginecológicas, levando ao afastamento das práticas de prevenção justamente em um período do ciclo de vida quando a incidência e gravidade das neoplasias são mais elevadas. No entanto, essa população demanda outros serviços de saúde que poderiam ser aproveitados para a condução da realização do preventivo do câncer cérvico-uterino sob uma visão de integralidade da assistência (ZEFERINO et al., 2006).

Quanto aos setores do HUOP com maior adesão às atividades desse projeto, tivemos como destaque os setores de Serviço de Apoio, com 54 atendimentos, e Centro-Cirúrgico, com 10 atendimentos. No Quadro 1 encontram-se dispostos dados sequenciais de participação por setores.

Quadro 1 – Dados de participação por setores do Hospital Universitário do Oeste do Paraná no PDA "Cuidando da saúde das trabalhadoras: Coleta de exame preventivo de câncer cérvico-uterino e exame clínico das mamas". Cascavel, PR, 2014

Serviço de Apoio	54	UTI – Pediátrica	2
Centro Cirúrgico	10	Cozinha	2
Serviço Social	8	Almoxarifado	2
Farmácia	8	Medicina Ocupacional	2
Internamento	7	Recursos Humanos	2
Lavanderia	7	Clínica Neuro-Ortopedia	2
Maternidade	6	UTI – Neonatal	1
Costura	6	CEAPAC	1
UNIOESTE	6	CCIH	1
Clínica Médica-Cirúrgica	5	ECG	1
Direção Administrativa	5	Financeiro	1
Serviço de Nutrição e Dietética	5	Compras	1
Centro Obstétrico	3	Controladoria	1
Pronto Socorro	3	Direção Geral	1
Unidade de Cuidados Intermediários	3	Central de Materiais e Esterilização	1
Direção de Enfermagem	3	Recepção de Visitas	1
Raio X	3	Psiquiatria	1
Mamografia	2	Direção Clínica	1
Faturamento	2		

Fonte: Elaborado pelos autores. Livro de registro do Projeto PDA "Cuidando da saúde das trabalhadoras: Coleta de exame preventivo de câncer cérvico-uterino e exame clínico das mamas". Hospital Universitário do Oeste do Paraná. Cascavel, PR, 2014.

Quanto ao número de procedimentos, foram realizadas 158 coletas de preventivo do câncer cérvico-uterino e solicitadas 92 mamografias. Por vezes, as participantes realizam, na sua maioria, somente a coleta de preventivo do câncer cérvico-uterino; em outras vezes, porém, concomitantemente, e seguindo-se o protocolo do Ministério da Saúde (BRASIL, 2004), era solicitada também a mamografia para a mesma paciente que coletou o preventivo. Raramente as pacientes procuram esse atendimento apenas para a realização de mamografias, de modo que optam, preferencialmente, por fazer a coleta de preventivo e realização da mamografia (quando assim indicamos).

Quanto aos encaminhamentos devido a alterações em resultado de exames, até o instante foram encaminhadas para o médico ginecologista 26 mulheres com resultados de preventivos do câncer cérvico-uterino com alterações e 04 com resultados de mamografia alterados, totalizando 30 encaminhamentos de um total de 170 atendimentos.

Durante a realização das atividades desse projeto observa-se a necessidade contínua de orientações sobre a importância do autoexame de mama, exame clínico da mama e mamografia, a periodicidade de realização do exame preventivo do câncer cérvico-uterino, aspectos do comportamento sexual e sua relação com o câncer de colo do útero, o esclarecimento sobre fatores de risco para o câncer de colo de útero e câncer de mama e demais considerações a respeito de hábitos de vida como tabagismo, alimentação saudável e prática regular de atividades físicas.

Acerca do autoexame de mama, estudos realizado em 2006 na cidade de Goiânia/GO (FREITAS et al., 2006) e em 2011 na cidade de João Pessoa/PB (MONTENEGRO et al., 2011) demonstram baixa frequência na realização desse exame pelas mulheres, assim como, muitas vezes, as mulheres desconhecem as etapas de sua realização, sendo frequentemente relacionada somente a palpação ou confundido com a mamografia. Portanto, nesse projeto, enfatiza-se, ainda, a importância da realização mensal do autoexame de mama, pois, na maioria das vezes, é a própria mulher quem detecta alterações nas mamas (SILVA et al., 2014).

Um estudo recente realizado no Brasil demonstra que o conhecimento dos temas câncer do colo uterino e câncer de mama ainda apresenta lacunas relacionadas principalmente às ações de prevenção que estão sendo realizadas pelos profissionais, bem como às demandas da população sobre o tema (GUIMARÃES et al., 2012).

Dessa forma, a enfermagem, por sua formação generalista, humana e voltada para a educação em saúde, tem a contribuir para a melhora desse cenário.

Considerações finais

As expectativas das autoras com relação ao andamento desse projeto do PDA são de que foram garantidas orientações sistematizadas e uniformes a todas as mulheres que procuraram esse atendimento, sendo possível proporcionar a elas uma melhor qualidade de vida, uma vez que clientes bem orientadas, cientes dos riscos, poderão agir melhor em favor da prevenção de agravos que comprometam a saúde ginecológica e a saúde de forma geral.

O registro das informações/orientações e as impressões da equipe colhidas durante o atendimento a essa clientela proporcionarão melhores condições para avaliar a evolução das mulheres durante os atendimentos subsequentes, bem como oferecerão subsídios para o desenvolvimento de futuros trabalhos, baseados nos registros dos atendimentos.

Consideramos como o ponto mais importante dessa proposta vislumbrar a possibilidade de que a interação equipe de saúde e cliente, mediante suporte teórico e acúmulo de experiências das ações de saúde já realizadas, resultam em ações de prevenção de doença e promoção da saúde de forma lúcida, com simplicidade e tranquilidade, frente aos achados, contribuindo para o empoderamento da saúde da mulher para que esta se posicione e assuma, definitivamente, a responsabilidade pelo seu corpo e vida.

De acordo com estudiosos sobre a saúde ocupacional, em especial, a saúde da mulher, há uma imensa dificuldade em traçar uma metodologia que identifique os fenômenos primários que poderiam ser evitados por meio de uma ação preventiva dos empregadores e/ou gestores de recursos humanos; portanto, trata-se de uma questão central para a qualidade de vida no ambiente de trabalho, aprimorar e avançar nas pesquisas e ações voltadas para essa temática, não bastando a utilização e aperfeiçoamento de dados, mas, sobretudo, promovendo e incentivando ações e estudos que preencham essas lacunas mais de forma preventiva do que curativa.

Conclui-se, portanto, que atividades como estas incentivam as mulheres ao autocuidado, à prevenção do câncer de colo de útero e de mama proporcionando maior qualidade de vida tanto no ambiente de trabalho quanto no convívio social, além de integrar as equipes interdisciplinares que atuam numa unidade de saúde, proporcionando um aprendizado ímpar para a equipe envolvida e para os alcançados pelo projeto.

Decorrente desse estudo e da análise sobre os dados extraídos dessa primeira experiência, pretende-se continuar promovendo o trabalho de sensibilização e de acompanhamento dessas pacientes como forma de incentivá-las a função de multiplicadoras da importância do autoconhecimento de seu corpo, bem como subsidiar as possíveis pacientes oriundas dessa proposta de trabalho, caso sejam diagnosticadas com alguma enfermidade que implique em tratamento.

REFERÊNCIAS

BRASIL. Ministério da Saúde (BR). Secretaria de Atenção à Saúde, INCA: **Controle de Câncer de Mama** – Documento Consenso, 2004.

_____. Departamento de Atenção Básica, Secretaria de Atenção à Saúde, Ministério da Saúde. **Controle dos cânceres do colo do útero e da mama**. Brasília: Ministério da Saúde; 2006.

_____. Ministério da Saúde (BR). Instituto Nacional do Câncer. **Diretrizes brasileiras para o rastreamento do câncer do colo do útero**. Rio de Janeiro: INCA; 2011.

_____. Ministério da Saúde (BR). Instituto Nacional de Câncer. **Estimativa 2012**: incidência de câncer no Brasil. Rio de Janeiro: INCA; 2011a.

_____. Ministério da Saúde (BR). Instituto Nacional de Câncer. **Rastreamento organizado do câncer de mama**: a experiência de Curitiba e a parceria com o Instituto Nacional do Câncer. Rio de Janeiro: INCA; 2011b.

ETLINGER, D.; PEREIRA, S. M. M.; OIKAWA, K. F.; MARIN, A. C.; ARAÚJO, R. S.; SOUZA, C. J. et al. Campanha de prevenção de câncer cervical: estudos no Instituto Adolfo Lutz mostram a necessidade de avaliação na faixa etária. **Revista Instituto Adolfo Lutz,** v. 67: 64-8. 2008.

FREITAS, JUNIOR, K. S.; SANTOS, N. R. M.; NUNES, M. O. A.; MELO, G. G.; RIBEIRO, A. C. G.; MELO, A. F. B. Conhecimento e prática do autoexame de mama. **Revista Associação Médica Brasileira**. n. 52, v. 5, p. 37-41. 2006.

GUIMARÃES, J. A. F.; AQUINO, P. S.; PINHEIRO, A, K. B.; MOURA, J. G. Pesquisa brasileira sobre prevenção do câncer do colo do uterino: uma revisão integrativa. **Revista RENE**. v. 13, n. 1, p. 220-30. 2012.

MARTINS, L. F. L.; THULER, L. C. S.; VALENTE, J. G. Cobertura do exame de Papanicolau no Brasil e seus fatores determinantes: uma revisão sistemática da literatura. **Revista Brasileira de Ginecologia e Obstetrícia**, v. 27, n. 8, p 485-492. 2005.

MONTEMOR, E. B. L. Organization of cervical cancer screening in Campinas and surrounding region, São Paulo State, Brazil. **Caderno de Saúde Pública,** v. 22, p. 1909-14. 2006.

MONTENEGRO, S. M. S. L.; SILVA, E. A.; SILVA, F. M. C.; MONTENEGRO, Z. M. C. O saber de mulheres sobre o autoexame das mamas em Unidade de Saúde da Família na cidade de João Pessoa (PB). **Revista Ciência ET Praxis,** n. 4; v. 7, p. 51-4. 2011.

MULLER, D. K.; DIAS-DA-COSTA, J. S.; LUZ, A. M. H.; OLINTO, M. T. A. Cobertura do exame citopatológico do colo do útero na cidade de São Leopoldo, Rio Grande do Sul, Brasil. **Caderno Saúde Pública,** v. 24, n. 2, p. 511-20. 2008.

OPAS. Repartição Sanitária Pan-Americana. Manual de normas e procedimentos para o controle do câncer cérvico-uterino. Nova Iorque: Escritório Regional da OMS; 1985. 95p. **(Série PALTEX para coordenadores de programas de saúde, n.º 6).**

PINHO, A. A.; FRANÇA-JUNIOR, I. Prevenção do câncer de colo do útero: um modelo teórico para analisar o acesso e a utilização do teste de Papanicolaou. **Revista Brasileira de Saúde Materno Infantil,** v. 3; p. 95-112. 2003.

WORLD HEALTH ORGANIZATION. National cancer control programmes: policies and managerial guidelines. 2. Ed. Geneva: World Health Organization; 2002.

ZEFERINO, L. C. et al. Atividades educativas na área da saúde da mulher: um relato de experiência. **Revista de Enfermagem e Atenção à Saúde** [Internet]. [citado 2014 out.10]; 3 (1): 106-112. 2014. Disponível em: <http://www.uftm.edu.br/revistaeletronica/index.php/enfer/article/view/299>. Acesso em: 30 julh. 2015.

LIBRAS NO SERVIÇO PÚBLICO:
superando os limites da comunicação

Laura Cristina Chaves Romero[49]
Geyze Colli Alcantara[50]
Lourdes Helena Fernandes[51]
Mari Angela Sbaraini[52]
Nelci Janete dos Santos Nardelli[53]

Introdução

A inclusão social é um tema de grande amplitude, pois abrange uma gama de diferenças presentes na população no que concerne à etnia, cultura, origem geográfica, idade, classe econômica e até às necessidades especiais. Assim, o termo inclusão social se constitui no conjunto de meios e ações que possam combater a exclusão de direitos da vida em sociedade e oferecer oportunidades de acesso a bens e serviços, dentro de um sistema que beneficie a todos.

Entende-se que, para termos uma sociedade igualitária, é necessário que ela passe por processos de adaptação, reorganização e, inclusive, por adequação de pessoas consideradas "normais", visando à ampliação da sociabilidade.

Ao longo dos últimos anos, têm-se intensificado as lutas pelas quais pessoas com necessidades especiais reivindicam a aplicação de medidas legais que possibilitem sua inclusão social. Os resultados dessas lutas vêm possibilitando a construção de leis que garantem a inserção no mundo produtivo e no conjunto das relações sociais. Porém, vale ressaltar que a "inclusão social" do deficiente, especificamente, carece – e muito – de ser amadurecida pelas instituições e pelas pessoas não deficientes, já que, via de regra, estas possuem uma percepção do que o senso comum define que seja a inclusão, e é apenas na circunstância da convivência com a pessoa deficiente no ambiente de trabalho que se podem identificar os desafios e dificuldades.

---

49 Especialista, Unioeste, Reitoria, Cascavel, Paraná, laura.romero@unioeste.br.
50 Graduada, Unioeste, Reitoria, Cascavel, Paraná, geyze.lima@unioeste.br.
51 Especialista, Unioeste, Reitoria, Cascavel, Paraná, lourdes.fernandes@unioeste.br.
52 Especialista, Unioeste, Reitoria, Cascavel, Paraná, msagostini@gmail.com.
53 Mestre, Unioeste, Reitoria, Cascavel, Paraná, nelci.nardelli@unioeste.br.

A Universidade Estadual do Oeste do Paraná (UNIOESTE), considerando o contido na Lei Estadual nº 13.456/2002, procura cumprir a obrigatoriedade da regulamentação legal e, diante de seu papel promissor de instituição de ensino, tem oportunizado o ingresso de pessoas com deficiência no serviço público, dentre as quais, um deficiente auditivo que, aprovado na função de técnico administrativo, encontrou sua primeira barreira no processo de inclusão nos setores administrativos da Instituição, o qual foi encaminhado a uma das Diretorias da Pró-Reitoria de Recursos Humanos (PRORH) para o processo de adaptação ao serviço e para desenvolver atividades que propiciasse um relacionamento interpessoal entre os colegas ouvintes, de forma a garantir sua permanência no serviço.

Ao receber este servidor, a PRORH compreendeu as múltiplas dimensões da inclusão, para além da mera obrigatoriedade de admissão de pessoas com deficiência, e iniciou um processo legítimo de inclusão social, primeiramente adaptando o setor, tendo como principal meio efetivar e estimular a interação e comunicação entre a equipe e o novo membro, comunicação essa que se limitava a troca de informações ou mensagens por escrito, valendo-se das mídias sociais que era, naquele momento, a ferramenta mais adequada para a comunicação e interação da equipe, já que se tratava de um meio que todos dominavam, inclusive o novo servidor, que demonstrava total familiaridade com a informática, bem como, vontade de interagir.

Esta experiência evidenciou os limites postos pela comunicação, já que não havia entre os servidores nenhum que dominasse a Língua Brasileira de Sinais (LIBRAS), trazendo à tona um problema que desafiou toda a equipe a ampliar seus horizontes de percepção quanto à questão da inclusão social, problematizando a inclusão da pessoa surda como servidor da área administrativa de uma instituição pública.

1 Procedimentos metodológicos

Este artigo relata a experiência sobre a mudança de comportamentos em relação à inclusão de pessoas deficientes no ambiente de trabalho administrativo de uma instituição pública do Estado do Paraná. Participaram desse estudo, além do servidor surdo e da equipe proponente do projeto, 12 servidores que iniciaram e concluíram o primeiro módulo do processo de aprendizado de LIBRAS, dividindo-se em dois momentos: o primeiro visava o alcance dos servidores que estariam trabalhando diretamente com o servidor surdo e, posteriormente, aos demais servidores em exercício na mesma unidade de trabalho, no caso, a Reitoria da Unioeste.

Para além de um aprendizado da língua propriamente dita, algumas técnicas de modificação de comportamento foram introduzidas no processo de aprendizagem de LIBRAS por meio da organização de atividades direcionadas à temática da inclusão efetiva e da quebra de barreiras da comunicação. O curso iniciou com uma turma de 20 alunos, totalizando 51 horas, distribuídas em encontros semanais de uma hora e meia. O comportamento dos indivíduos em relação à inclusão social da pessoa surda no ambiente de trabalho administrativo será mensurado ao longo do processo de aplicação do projeto, que está em fase intermediária, por meio de um questionário que será aplicado com perguntas direcionadas sobre as relações humanas e de trabalho, levando em consideração o antes e o depois da inclusão de um servidor surdo no cotidiano do setor administrativo de recursos humanos. Pretende-se mensurar o grau de satisfação tanto do grupo que teve a oportunidade de se capacitar em uma nova língua, quanto do servidor diretamente alcançado por essa ação de inclusão, discutindo a importância de promover espaços que evidenciem a ação para além do discurso de inclusão.

Os desafios postos numa situação de trabalho levaram um grupo de pessoas da PRORH a refletir sobre o problema e ir ao encontro de sua solução, caracterizando um ambiente de pesquisa, conforme pontua Gil (2002):

> Há muitas razões que determinam a realização de uma pesquisa. Podem, no entanto, ser classificadas em dois grandes grupos: razões de ordem intelectual e razões de ordem prática. As primeiras decorrem do desejo de conhecer pela própria satisfação de conhecer. As últimas decorrem do desejo de conhecer com vistas a fazer algo de maneira mais eficiente ou eficaz (GIL, 2002, p. 17).

O problema de ordem prática se apresentava por meio da presença de um servidor surdo em um universo de colaboradores ouvintes e falantes, numa equipe bastante dinâmica e com uma intensa rotina de trabalho. A impossibilidade da comunicação evidenciava a necessidade de uma intervenção orientada por um processo de compreensão – tanto da inclusão em si, como das formas adequadas de comunicação com o servidor surdo.

Neste viés, compreender a inclusão exigia a disposição ao aprendizado de LIBRAS, caracterizando o que se define como pesquisa-ação, já que a intervenção na realidade se dá no mesmo movimento de problematização e compreensão dessa mesma realidade.

> Um tipo de pesquisa com base empírica que é concebida e realizada em estreita associação com uma ação ou com a resolução de um problema coletivo e no qual os pesquisadores e participantes representativos da situação ou do problema estão envolvidos de modo cooperativo ou participativo (THIOLLENT apud GIL, 2002, p. 55).

O início da pesquisa indicava a tentativa de compreender a Lei Federal nº 10.436/2002, referente ao uso de LIBRAS, considerando que foi criada a partir da luta das pessoas com deficiência auditiva e, portanto, constitui o terreno no qual buscamos identificar a maneira com que estas necessitam e almejam ter sua convivência social (BRASIL, 2002). Acerca da LIBRAS, o Art. 1º da Lei supracitada dispõe que

> Art. 1º É reconhecida como meio legal de comunicação e expressão a Língua Brasileira de Sinais - LIBRAS e outros recursos de expressão a ela associados.
> Parágrafo único. Entende-se como Língua Brasileira de Sinais – LIBRAS – a forma de comunicação e expressão, em que o sistema linguístico de natureza visual-motora, com estrutura gramatical própria, constituem um sistema linguístico de transmissão de ideias e fatos, oriundos de comunidades de pessoas surdas do Brasil. (BRASIL, 2002, s/p.).

Com essa compreensão ampla da inclusão, visualizamos que esta seria bastante limitada, se não houvesse comunicação em LIBRAS do servidor surdo com os demais servidores. Para o cumprimento da lei, a execução do Projeto intitulado "LIBRAS Básico no Serviço Público – Superando os Limites da Comunicação" possibilitou o primeiro passo para a inclusão dentro da Pró-Reitoria de Recursos Humanos e demais setores da Reitoria. Aprovado o projeto em tela, iniciou-se um novo desafio: encontrar profissional capacitado para desenvolver o processo efetivo de aprendizagem de LIBRAS, uma realidade que as Instituições públicas têm enfrentado, haja vista o número limitado de profissionais Intérpretes de LIBRAS, somado à morosidade nos processos de seleção e efetiva contratação desses profissionais, fator que implica na desistência dos potenciais candidatos em face de outras oportunidades de concursos nas esferas Municipal ou Federal. Por força de lei e por determinação do Ministério Público, a Unioeste tem, reiteradamente, ofertado vagas em seus Processos Seletivos para a função de Intérprete, as quais ficam desertas ou não são suficientes para a demanda de alunos e docentes que dependem do profissional intérprete.

Diante de tal dificuldade, tomou-se a iniciativa de convidar o próprio servidor surdo, que possui experiência profissional no ensino de LIBRAS, com certificado obtido pelo Exame Nacional de Proficiência em LIBRAS (ProLibras), para ministrar o curso, o qual aceitou de imediato e de forma entusiasmada a proposta, motivando ainda mais a equipe a prosseguir com o objetivo de integrá-lo de forma efetiva à equipe e ao serviço.

Vencida essa primeira barreira, iniciou-se o curso, contando com a presença de um intérprete de LIBRAS apenas nas aulas iniciais, como forma de promover a socialização da turma com aquela nova realidade, proporcionando um ambiente mais tranquilo e de interação com as diferentes formas de se comunicar. Após esse primeiro contato com a LIBRAS, a socialização e a integração da equipe foi se desenvolvendo de forma gradativa e, com o tempo, o servidor que é surdo passou a ter uma comunicação efetiva com a turma, sem necessidade direta de um intérprete, uma vez que todos os envolvidos no processo já estavam se comunicando, ainda que minimamente, pela linguagem dos sinais.

As aulas foram expositivas, com utilização de *banners* do alfabeto de sinais, material visual, cartazes, apostila com exercícios para fixação dos sinais para acompanhamento, dinâmicas de grupo, vídeos, filmes e músicas para facilitar a contextualização dos conteúdos. Também foi oportunizada a visitação das pessoas surdas, tanto da comunidade interna quanto dos vinculados à Associação dos Surdos de Cascavel (Surdovel) e de pessoas surdas que residem em outro Estado, os quais repassaram a cultura e variações regionais de sinais, enriquecendo os conteúdos aplicados.

2 Resultados e discussão

Nas últimas décadas, a sociedade brasileira tem reconhecido a inclusão, acolhendo a luta das pessoas deficientes e sua necessidade de comunicação e acessibilidade, em que pese à promulgação de diversas legislações e regulamentos que versam sobre o assunto. Em um estudo que faz a análise linguística do discurso oficial sobre a inclusão, por meio de Decretos e Leis[54], os autores exploram as contradições entre o discurso e a ação, concluindo que

---

54 Estudo elaborado por pesquisadores da Unicamp, sobre o Decreto Federal nº 3.298/99, Disponível em: <http://pepsic.bvsalud.org/scielo.php?pid=S1415-71282000000200006&script=sci_arttext>. Acesso em: 30 set. 2014.

É interessante observar, igualmente, que a política de inclusão é fruto do olhar caridoso que reconhece, no outro (ou em certos outros), seu não-pertencimento ao todo social, ou sua não-integração harmoniosa ao corpo social, por razões *aborigine,* ou seja, inerentes à natureza do sujeito ou grupo. Caridoso porque pretende, convertido em decreto, devolver à sociedade indivíduos funcionando em uníssono com o todo. Esse é o caso dos surdos, mas também é o caso dos povos indígenas. (SOUZA; ANGELIS; VERAS, 2000, s/p.).

Nesta mesma direção, temos as Leis Estaduais nº 13.456/2002 e a nº 15.139/2006, as quais dispõem sobre a inclusão social das pessoas portadoras de necessidades especiais que devem ser incluídas na sociedade por meio do ensino e nas relações de trabalho (PARANÁ, 2002; 2006). A deficiência não pode ser vista como incapacidade, mas como limitação para exercer algumas atividades. As diferenças individuais não impedem a atuação de alguém no mundo, apenas exigem adequação de suas capacidades, compreendendo o conceito de inclusão social como o

> processo pelo qual a sociedade se adapta para poder incluir, em seus sistemas sociais gerais, pessoas com necessidades especiais e, simultaneamente, estas se preparam para assumir seus papéis na sociedade. A inclusão social constitui, então, um processo bilateral no qual as pessoas, ainda excluídas, e a sociedade, buscam em parceria, equacionar problemas, decidir sobre soluções e efetivar a equiparação de oportunidades para todos. (SASSAKI, 1997, p. 3).

A legislação define deficiência como perda ou anormalidade da estrutura ou função psicológica, fisiológica ou anatômica, podendo ser: física, auditiva, visual, mental ou múltipla, tornando a pessoa incapaz de realizar algumas atividades que são consideradas inerentes ao ser humano.

Conforme Decreto Federal nº 5.296/2004, o qual regulamenta as Leis Federais nº 10.048 e 10.098/2000, são considerados deficientes os que se enquadram nas seguintes categorias:

> **Deficiência física** – 'alteração completa ou parcial de um ou mais segmentos do corpo humano, acarretando o comprometimento da função física, apresentando-se sob a forma de paraplegia, paraparesia, monoplegia, monoparesia, tetraplegia, tetraparesia, triplegia, triparesia, hemiplegia, hemiparesia, ostomia, amputação ou ausência de membro, paralisia cerebral, nanismo, membros com deformidade congênita ou adquirida, exceto as deformidades estéticas e as que não produzam dificuldades para o desempenho de funções'.

Deficiência Auditiva – 'perda bilateral, parcial ou total, de quarenta e um decibéis (dB) ou mais, aferida por audiograma nas frequências de 500HZ, 1.000HZ, 2.000Hz e 3.000Hz'.

Deficiência Visual – 'cegueira, na qual a acuidade visual é igual ou menor que 0,05 no melhor olho, com a melhor correção óptica; a baixa visão, que significa acuidade visual entre 0,3 e 0,05 no melhor olho, com a melhor correção óptica; os casos nos quais a somatória da medida do campo visual em ambos os olhos for igual ou menor que 60°; ou a ocorrência simultânea de quaisquer das condições anteriores'.

Deficiência mental – 'funcionamento intelectual, significativamente inferior à média, com manifestação antes dos dezoito anos e limitações associadas a duas ou mais áreas de habilidades adaptativas, tais como: a) comunicação; b) cuidado pessoal; c) habilidades sociais; d) utilização da comunidade; d) utilização dos recursos da comunidade e) saúde e segurança; f) habilidades acadêmicas; g) lazer; e h) trabalho'.

Deficiência Múltipla - ' associação de duas ou mais deficiências'. (BRASIL, 2004, p. 02).

Diante das inúmeras legislações que abordam tanto o tema da inclusão, quanto da pessoa com deficiência, pode-se afirmar, em consonância com os estudiosos da área, que

> as políticas de inclusão buscam garantir, em primeiro lugar, não o bem-estar das pessoas e grupos aos quais elas se dirigem, mas, antes de tudo, o bem-estar social, a ordem e o progresso, ou seja, a manutenção da harmonia e a não-ruptura do pacto de colaboração mútua, sem conflitos, entre as diferentes partes desse corpo social.(SOUZA; ANGELIS; VERAS, 2000).

Assim, percebe-se que, no estudo da deficiência auditiva, a qualificação profissional e a escolaridade são fatores relevantes e facilitadores no processo de inclusão da pessoa com deficiência, bem como a sensibilidade e percepção dos gestores e demais profissionais que desenvolvem atividades em grupos ou equipes de trabalho, pois, considerando estudos de autores como Sassaki (2003), Souza e Macêdo (2002), o termo inclusão se dará, de fato, quando entendermos a importância do uso da LIBRAS, que transcende a legitimidade e o direito de comunicação por meio de uma língua reconhecidamente oficial, mas que requer a sensibilização e ação coletiva para se efetivar a integração e a inclusão, pois a barreira se estabelece no momento em que a limitação imposta na pessoa com deficiência é ignorada, já que, no caso da pessoa surda, trata-se de um problema de ordem sensorial, que dificulta a comunicação oral, conforme evidenciado em pesquisas sobre o complexo universo da LIBRAS, como bem observado por Quadros (2004) ao afirmar que a

> Fonologia é compreendida como a parte da ciência linguística que analisa as unidades mínimas sem significado de uma língua e a sua organização interna. Quer dizer, em qualquer língua falada, a fonologia é organizada baseada em um número restringido de sons que podem ser combinados em sucessões para formar uma unidade maior, ou seja, a palavra. (QUADROS, 2004, p. 18).

E, no caso da LIBRAS, soma-se a importância dos gestos e do movimento das mãos em sintonia com a localização "em que os sinais são produzidos, os movimentos e as direções são as unidades menores que formam as palavras." (Idem, p. 18).

A partir dessa percepção e da intensa pesquisa sobre os aspectos e diferentes estudos que tratam tanto da inclusão, quanto do objeto específico da língua dos sinais, o significado da inclusão em nossas relações cotidianas evidenciou que, somente diante da presença do servidor surdo foi que a equipe compreendeu o desafio e despreparo de todos para a garantia da inclusão. Muito embora o fato de receber uma pessoa surda para atuar junto ao setor tenha despertado empatia e aproximação entre a maioria dos servidores no ambiente de trabalho, iniciou-se um grande entrave, que era estabelecer a comunicação com o novo servidor, além das várias tentativas de adaptá-lo perante os demais servidores ouvintes.

Esse novo servidor, para além de uma forma distinta de se comunicar em relação à forma usualmente utilizada naquele contexto, comunicava-se fluentemente com outras pessoas por meio da língua de sinais e, com isso estabelecia suas relações, expressava seus sentimentos, emoções, dúvidas e pontos de vista diversos. Assim, nasceu a motivação para desenvolver um projeto que pudesse ensinar aos servidores da PRORH e demais interessados da Reitoria da Unioeste a linguagem de sinais.

A Língua Brasileira de Sinais (LIBRAS), a qual tornou-se oficial no Brasil por meio da sanção da Lei Federal nº 10.436/02, garante por parte do poder público em geral e empresas concessionárias de serviços públicos, formas institucionalizadas de apoiar o uso e difusão da LIBRAS, como meio de comunicação objetiva e da utilização corrente das comunidades surdas do Brasil. Assim, detectou-se que a compreensão dos servidores acerca da "deficiência", nesta circunstância, se revelava dentre os ouvintes não conhecedores da LIBRAS. Essa inversão colocou os envolvidos na pesquisa em situação de refletirem acerca dos limites da comunicação, afinal a linguagem é característica humanizadora por excelência, sendo assim definida por Vigotski (2001):

> A linguagem é responsável pela regulação da atividade psíquica humana, pois é ela *que permeia a estruturação dos processos cognitivos. Assim, é assumida como* constitutiva do sujeito, pois possibilita interações fundamentais para a construção do conhecimento (VIGOTSKI, 2001, p. 322, grifo nosso).

Assim, aprovado por meio do Plano de Desenvolvimento do Agente Universitário, o projeto que proporciona um curso Básico de LIBRAS é a dimensão da ação que busca alcançar uma comunicação eficiente para a realidade vivida em nossa universidade, com o intuito de estabelecer interação entre surdos e ouvintes, otimizando a atuação do servidor no serviço público para, assim, cumprir com aquilo que é expresso nas legislações pertinentes, oportunizando condições de desenvolvimento de suas capacidades e potencialidades na instituição.

É notável e significativo o enriquecimento na comunicação e convivência dos servidores da Reitoria com o servidor surdo por meio da linguagem de sinais, abrangendo conhecimento de conteúdos e frases administrativas, proporcionando uma relação igualitária entre os servidores.

A compreensão acerca do processo de inclusão, do cumprimento da lei e da língua adequada – neste caso, a LIBRAS – está em processo de construção, porém, já nos permite afirmar que esta pesquisa-ação produz contundentes alterações nas relações de trabalho e na crescente socialização dos envolvidos.

Considerações finais

Com a aceitação e dedicação por parte dos alunos comprometidos em melhorar a interação do servidor surdo com os demais, o primeiro passo para a inclusão foi dado com sucesso. Persistem os desafios sobre o aprofundamento da Língua de Sinais, que é extremamente complexa, assim como se pretende despertar o interesse dos demais servidores da Unioeste na aprendizagem básica do uso desta língua, para que outros segmentos da comunidade acadêmica, como alunos e professores surdos, se percebam integrados neste processo de comunicação.

No decorrer deste trabalho ficou evidente a necessidade de continuar o projeto, buscando melhorar a compreensão e aplicação do termo "inclusão" na Universidade, assim como pesquisar as diferenças no ambiente de trabalho antes e depois do uso da língua de sinais entre os servidores que participaram do projeto. Para além dos envolvidos, é necessário compreender as dimensões da inclusão social e o importante papel do setor de Recursos Humanos de forma holística.

REFERÊNCIAS

ANDRADE, O. R. M.; et al. A responsabilidade social das empresas na inclusão social do surdo: a parceria com o nirh. **Arqueiro 12**, Rio de Janeiro, INES, v. 12, p. 11-16, 2005.

BRASIL. **Decreto n° 5.296, de 02 de dezembro de 2004**. Diário Oficial [da] República Federativa do Brasil, Brasília, DF, 03 dez. 2004. Disponível em: <http://www.planalto.gov.br/ccivil_03/_ato2004-2006/2004/decreto/d5296.htm>. Acesso em: 30 set. 2014.

BRASIL. **Lei n° 10.436, de 24 de abril de 2002**. Diário Oficial [da] República Federativa do Brasil, Brasília, DF, 25 abr. 2002. Disponível em: <https://www.planalto.gov.br/ccivil_03/leis/2002/l10436.htm>. Acesso em: 30 set. 2014.

GIL, Antônio Carlos. **Como elaborar projetos de pesquisa**. 4. ed. São Paulo: Atlas, 2002. ISBN 85-224-3169-8.

GONÇALVES, F. N.; ABDO, D. et al. A inclusão social dos surdos no contexto das organizações empresariais. In: ANUÁRIO DE PRODUÇÕES ACADÊMICO-CIENTÍFICAS DOS DISCENTES DA FACULDADE ARAGUAIA, v. 2. p. 12-33, 2002, Goiônia. **Resumos...** Goiônia: Faculdade Araguaia, 2002.

GRAEFF, T. D. A relação do surdo com o mercado de trabalho. **Revista Conexão UEPG**, Ponta Grossa, v. 1. n. 1, 2006. Disponível em < http://www.revistas2.uepg.br/index.php/conexao/article/view/3848>. Acesso em: 30 set. 2014.

LACERDA, C. B. F. A inclusão escolar de alunos surdos: o que dizem alunos, professores e intérpretes sobre esta experiência. **Caderno Cedes**, Campinas: UNICAMP, 2006. v. 26. p. 163-184. Disponível em <http://www.cedes.unicamp.br>. Acesso em: 30 set. 2014.

MACHADO, P. C.; SILVA, V. **Trajetórias e movimentos na educação dos surdos**. [S.I]. Disponível em <http://www.dicionariolibras.com.br/website/download.asp?cod=124&idi=1&moe=6&id_categoria=12>. Acesso em: 30 set. 2014.

PARANÁ (Estado). **Lei nº 13.456, de 11 de janeiro de 2002**. Diário Oficial [do] Estado de Paraná, Curitiba, PR, 14 jan. 2002. Disponível em: <http://www.legislacao.pr.gov.br/legislacao/pesquisarAto.do?action=exibir&codAto=6381&codItemAto=50688>. Acesso em: 30 set. 2014.

PARANÁ (Estado). **Lei nº 15.139, de 31 de maio de 2006**. Diário Oficial [do] Estado de Paraná, Curitiba, PR, 1 jun. 2006. Disponível em: <http://www.legislacao.pr.gov.br/legislacao/pesquisarAto.do?action=exibir&codAto=5957&indice=1&totalRegistros=1>. Acesso em: 30 set. 2014.

PROGRAMA Institucional de Ações Relativas às Pessoas com Necessidades Especiais – PEE (Org.). **Pessoa com deficiência na sociedade contemporânea:** problematizando o debate. Cascavel: EDUNIOESTE, 2006.

QUADROS RONICE MÜLLER. **Tradutor e intérprete de língua brasileira de sinais e língua portuguesa** / Secretaria de Educação Especial; Programa Nacional de Apoio à Educação de Surdos - Brasília: MEC ; SEESP, 2004.

REIS, J. G.; MOURÃO, A. R. B. Inclusão no mercado de trabalho: Espaço de contradição para acesso do trabalhador surdo. In: CONGRESSO BRASILEIRO MULTIDISCIPLINAR DE EDUCAÇÃO ESPECIAL, 4., 2007, Londrina. **Resumos**. Amazonas: UFAM, 2007?. ISBN 978-85-99643-11-2.

SASSAKI, Romeu Kazumi. **Inclusão construindo uma sociedade para todos**. 5. ed. Rio de Janeiro: WVA, 2003b.

SOUZA, E.; MACÊDO, J. R. **Inclusão social do surdo:** um desafio à sociedade, aos profissionais e a educação. Trabalho de conclusão de curso. Belém, Pará: [s.n], 2002.

SOUZA, Regina Maria; D'ANGELIS, WilmaR; VERAS, Viviane. Entre o dizer e o fazer: o discurso oficial sobre a inclusão e suas contradições. **Estilos da Clínica**, v. 5, n. 9, p. 82-95. 2000. Disponível em: < file:///C:/Users/Cliente/Downloads/60916-78403-1-PB.pdf>. Acesso em: 10 julh. 2015.

VIGOTSKI, I. S. **A construção do pensamento da linguagem**. São Paulo: Martins Fontes, 2001.

CARACTERIZANDO O ABSENTEÍSMO NO HOSPITAL UNIVERSITÁRIO DO OESTE DO PARANÁ

Franciely da Rosa de Castro[55]
Ivã José de Pádua[56]
Maria Socorro de Lima[57]
Nelci Janete dos Santos Nardelli[58]

Introdução

O absenteísmo ou ausentismo é utilizado para designar a falta do empregado ao trabalho, sendo, pois, caracterizado pela soma dos períodos em que os empregados de determinada instituição se encontram ausentes do trabalho, não sendo a ausência motivada por desemprego ou licença legal (BARBOSA, 2004). O absenteísmo é classificado em voluntário, por doença, por patologia profissional, legal e compulsório (BINDER, 2003).

Absenteísmo no setor público é uma realidade, tanto quanto em instituições privadas; no entanto, seu impacto econômico é bastante preocupante, pois gera gastos públicos, afetando toda a população. As instituições públicas apresentam maior quantidade de dias perdidos por absenteísmo-doença, bem como um período de afastamento maior do que as empresas privadas. O servidor estatutário possui uma imagem cercada de mitos a respeito de benefícios, e isso tem dificultado a compreensão do adoecimento nessas pessoas e a implementação de políticas de saúde efetivas (TURCHI, 2012).

De acordo com Barbosa e Soler (2003), no contexto hospitalar, a enfermagem constitui-se na maior força de trabalho, e suas atividades são frequentemente marcadas por divisão fragmentada de tarefas, rígida

---

55 Enfermeira Mestre em Bioengenharia – Universidade Estadual do Oeste do Paraná – Hospital Universitário do Oeste do Paraná – HUOP.
56 Graduado em Ciências Sociais - Universidade Estadual do Oeste do Paraná – Hospital Universitário do Oeste do Paraná – HUOP.
57 Mestre em Filosofia Universidade Estadual do Oeste do Paraná – Hospital Universitário do Oeste do Paraná – HUOP.
58 Mestre em Letras – Universidade Estadual do Oeste do Paraná – Reitoria.

estrutura hierárquica para ocumprimento de rotinas e normas, dimensionamento quantitativo insuficiente de pessoal, situação de exercício profissional que tem repercutido em elevado absenteísmo, motivado principalmente por doenças.

As repercussões do absenteísmo no processo de trabalho têm sido apontadas de forma bastante crítica por especialistas que abordam a referida problemática, inclusive sua representação nos custos para a instituição, o que se explicita diretamente com a qualidade do cuidado prestado ao paciente. A esse respeito, evidencia-se que a ausência de um membro da equipe ao trabalho ou sua inadequação a horários merece especial atenção (BINDER, 2003).

Segundo Couto (1987), o absenteísmo é decorrente de um ou mais fatores causas, tais como fatores de trabalho, sociais, fatores culturais, de personalidade e de doenças. Este autor alerta que não parece existir uma relação precisa de causa e efeito, mas sim, um conjunto de fatores pode levar às faltas ao trabalho.

O absenteísmo no trabalho abrange todas as causas de ausência, como: doença prolongada, acidentes, licenças de maternidade, atenção a problemas familiares ou formalidades judiciais e até cursos fora da empresa, exceto greve, cursos dentro da empresa, repouso semanal ou compensado, férias e feriados (BULHÕES, 1986).

O número insuficiente de recursos humanos pode contribuir para elevar o índice de absenteísmo como consequência da sobrecarga e insatisfação dos trabalhadores, desencadeando a queda da qualidade do cuidado prestado aos pacientes (ALVES, 1995), bem como pode estar diretamente relacionado às condições de trabalho, refletindo na qualidade e produtividade laboral e na vida dos trabalhadores.

Este trabalho objetivou identificar as causas de absenteísmo-doença desta instituição, a classificação das doenças e o sexo mais acometido.

1 Materiais e métodos/procedimentos metodológicos

Esta pesquisa foi realizada no Hospital Universitário do Oeste do Paraná (HUOP[59]), que é um hospital de Assistência e Ensino, voltado para a formação de recursos humanos na área da saúde, como campo prático para o curso de graduação em medicina e sua residência médica e dos demais cursos de graduação da área da saúde.

---

59 O Hospital Universitário do Oeste do Paraná – HUOP iniciou suas atividades em 07 de março de 2001. Foi transformado de Hospital Regional de Cascavel para Hospital Universitário do Oeste do Paraná, conforme Lei nº 13.029, de 27 de dezembro de 2000. (In: Relatório de Gestão do HUOP, 2012, p. 13).

Por se tratar de uma unidade que presta serviço de atenção hospitalar pública, para a região Oeste do Paraná, insere-se num contexto de alta complexidade inerente à própria natureza hospitalar e, nessa complexidade, estão inseridos, também, os dramas pessoais, com todas as particularidades, emoções e desafios mais críticos impostos à natureza humana, uma vez que os serviços hospitalares prestados pelo HUOP atingem uma diversidade de ações assistenciais na área da saúde e é uma referência regional em alta complexidade em diversas áreas, fator que contribui no aumento da tensão cotidiana inerente às responsabilidades dos indivíduos que desempenham suas funções nesse ambiente, levando à preocupação dos gestores e à necessidade de criação de mecanismos e estudos voltados para preservação da saúde dessas pessoas.

Segundo a Organização Mundial de Saúde (2005), saúde é o "estado de completo bem-estar físico, psicológico e social e não só a mera ausência de doença ou enfermidade". Portanto, os cuidados de saúde incluem o autocuidado, a segurança em saúde, as ações preventivas em prol da eliminação ou, ao menos, a redução do risco de danos desnecessários a um mínimo aceitável.

A detecção precoce de problemas de saúde em indivíduos promove ações de controle de doenças ocupacionais e maior motivação ao cuidado pessoal, o que acarreta menos sofrimento, já que a falta de cuidados preventivos com a saúde reflete na qualidade de vida do indivíduo e, consequentemente, na qualidade de vida no trabalho (QVT[60]).

De acordo com a OMS (2005), conceitua-se qualidade de vida como a percepção do indivíduo de sua posição na vida, no contexto da cultura e sistemas de valores nos quais vive e em relação aos seus objetivos, expectativas, padrões e preocupações. Trata-se de um conceito amplo, que inclui a saúde física, o estado psicológico, crenças pessoais, relações sociais e com o ambiente.

Conforme a Organização Mundial da Saúde (2005),

> Na verdade, toda gama de intervenção sobre as doenças crônicas são economicamente viáveis e um ótimo retorno do investimento em todas as regiões do mundo e algumas dessas soluções são baratas. [...] As principais causas das doenças crônicas são conhecidas, e se esses fatores fossem eliminados, pelo menos 80% de todas as doenças do coração, derrames e dos diabetes do tipo 2 poderiam ser evitados; acima de 40% dos cânceres poderiam ser prevenidos (OMS, 2005, s/p.).

---

[60] O conceito de QVT, para a execução desta pesquisa, baseia-se no que preconiza a Política Nacional de Segurança e Saúde no Trabalho (BRASIL, 2001), que tem por objetivo a promoção da saúde, a melhoria da qualidade de vida do trabalhador e a prevenção de acidentes e de danos à saúde advindos das atividades laborais; além dos autores que trabalham com essa temática, relacionados nas referências bibliográficas.

Para a execução deste estudo, a equipe de trabalho realizou uma pesquisa quantitativo-descritiva, que inclui a descrição, registro, análise e interpretação de fenômenos atuais (LAKATOS; MARCONI, 1990) com a utilização de técnicas de pesquisa documental para o levantamento de dados obtidos no setor de recursos humanos do HUOP, em que pese à necessidade de caracterização do absenteísmo-doença, objeto de estudo deste trabalho.

De posse dos dados necessários, criou-se e passou-se a alimentar, mensalmente, em planilha de Excel, os dados dos servidores que apresentaram atestados médicos ou odontológicos, utilizando setor, função, número de dias de afastamento, Código Internacional de Doenças (CID) e classificação das doenças, como: acidente de trabalho, acompanhamento familiar, convalescença após cirurgia, diarreias, doação de sangue, doenças do sistema urinário, doenças cardiovasculares, doenças oculares, doenças psiquiátricas, cefaleia ou enxaqueca, gripe, licença maternidade, neoplasias, outras patologias, problemas dentários, problemas ginecológicos, problemas osteomusculares, problemas respiratórios ou pulmonares e atestados sem CID. Os dados foram compilados em relatórios mensais e os mesmos serão realizados no fechamento anual.

O número de atestados médicos ou odontológicos de janeiro a agosto de 2014 foi de 1.874 mil atestados, totalizando 11.469 mil dias de afastamento. Nesta pesquisa, não estão inclusas as declarações de comparecimento, que representam afastamento do sítio laboral de até 3 horas diárias para consultas, exames ou tratamento.

A distribuição quantitativa dos atestados está descrita na Tabela 1, na qual consta o número de atestado e o número de dias de afastamento, classificados por mês.

Tabela 1 – Número de Atestados Médicos e dias de afastamento de janeiro a agosto de 2014

	Janeiro	Fevereiro	Março	Abril	Maio	Junho	Julho	Agosto	Total
N° de dias afastamento	1258	1208	1371	1661	1417	1473	1601	1480	**11469**
Número de Atestados	261	203	211	262	220	208	260	249	**1874**

Fonte: Elaborada pelos autores com base nos dados da pesquisa, fornecidos pelo setor de Recursos Humanos do HUOP.

As causas mais frequentes dos atestados médicos foram os problemas osteomusculares, com 324 atestados e 2.491 mil dias de afastamento, seguida dos atestados de acompanhamento familiar, com 298 atestados e 1.034 mil dias de afastamento, a exemplo de outras pesquisas realizadas em unidades de trabalho similares, como é o caso de Magalhães (2011) e Barcelos (2010) que, em suas pesquisas em um Hospital Universitário do Rio de Janeiro e um Hospital de Santa Catarina identificaram os problemas osteomusculares como os principais causadores de absenteísmo.

Para Carvalho e Garcia (2003), Santos Filho e Barreto (2001) e Barcelos (2010), o conhecimento desses dados possibilita priorizar os aspectos preventivos para a melhoria da qualidade de vida dos trabalhadores e a diminuição dos custos, sobretudo com o número de afastamentos dos funcionários.

Em terceiro lugar obteve-se 264 atestados e 920 dias de afastamento de atestados com CID de outras patologias, que foram consideradas patologias diversas, que não se enquadraram nas classificações utilizadas para esta pesquisa. Os atestados sem CID totalizaram 240. Esta problemática é de difícil resolução, pois todos os pacientes têm o direito da privacidade dos seus problemas de saúde e, portanto, a instituição não pode exigir o fornecimento do CID.

Outro fator de absenteísmo-doença nesta instituição, o quinto fator na ordem de número de atestados, foram as doenças psiquiátricas, fator este muito preocupante por se tratar de ambiente hospitalar, que, por si só, já representa um ambiente estressante (CASTRO, 2014), representando 145 atestados e 958 dias de afastamento, dados esses dispostos no Gráfico 1.

De acordo com Castilho, Fugulin e Gaidzinski (2005), a natureza do trabalho de cuidado a pessoas, por, naturalmente, lidar com o sofrimento, dor e morte, desencadeia nos profissionais desgaste psíquico intenso, caracterizado pelo estresse, fadiga, desgaste físico e mental, sofrimento psíquico ou depressão.

Gráfico 1 – Número de atestados médicos ou odontológicos de janeiro a agosto de 2014, classificado por tipos de afastamento

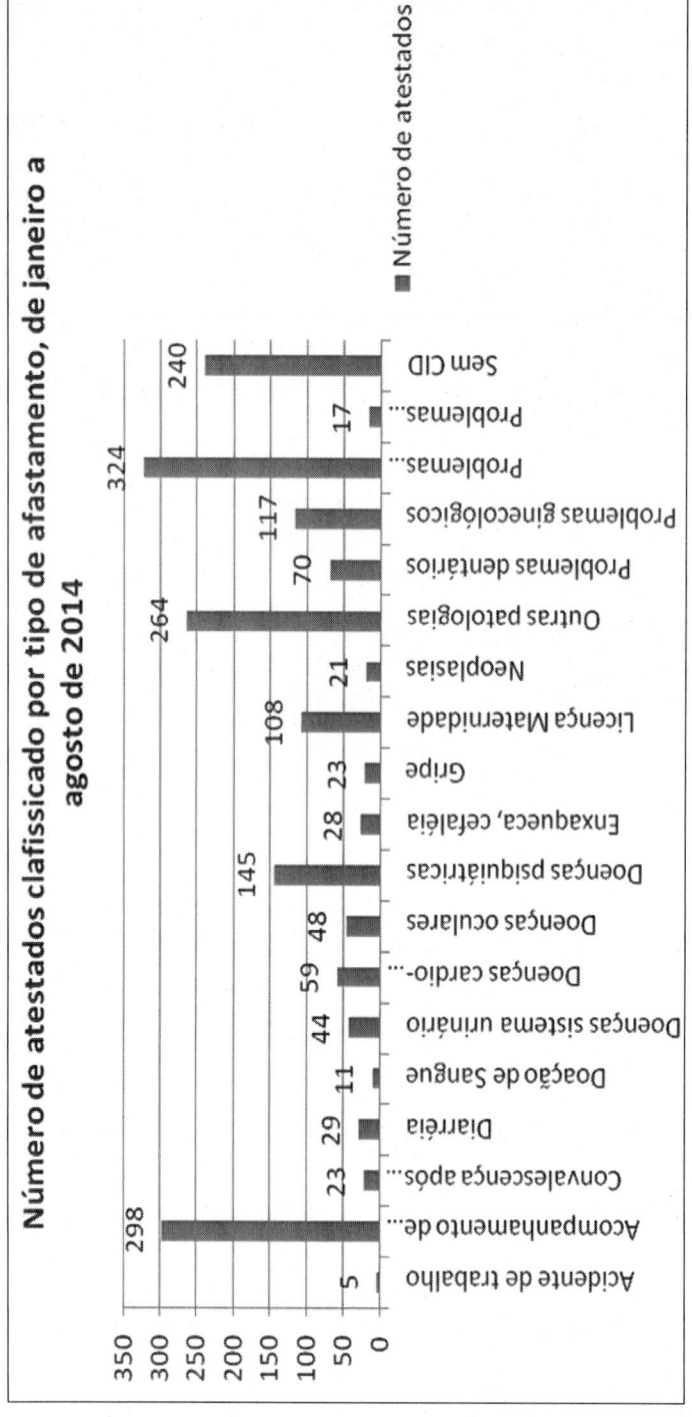

Número de atestados clafissicado por tipo de afastamento, de janeiro a agosto de 2014

Tipo de afastamento	Número de atestados
Acidente de trabalho	5
Acompanhamento de...	298
Convalescença após...	23
Diarréia	29
Doação de Sangue	11
Doenças sistema urinário	44
Doenças cardio-...	59
Doenças oculares	48
Doenças psiquiátricas	145
Enxaqueca, cefaléia	28
Gripe	23
Licença Maternidade	108
Neoplasias	21
Outras patologias	264
Problemas dentários	70
Problemas ginecológicos	117
Problemas...	324
Problemas...	17
Sem CID	240

Fonte: Elaborado pelos autores com base nos dados da pesquisa fornecido pelo setor de Recursos Humanos do HUOP.

O total de dias de afastamento está disposto no Gráfico 2.

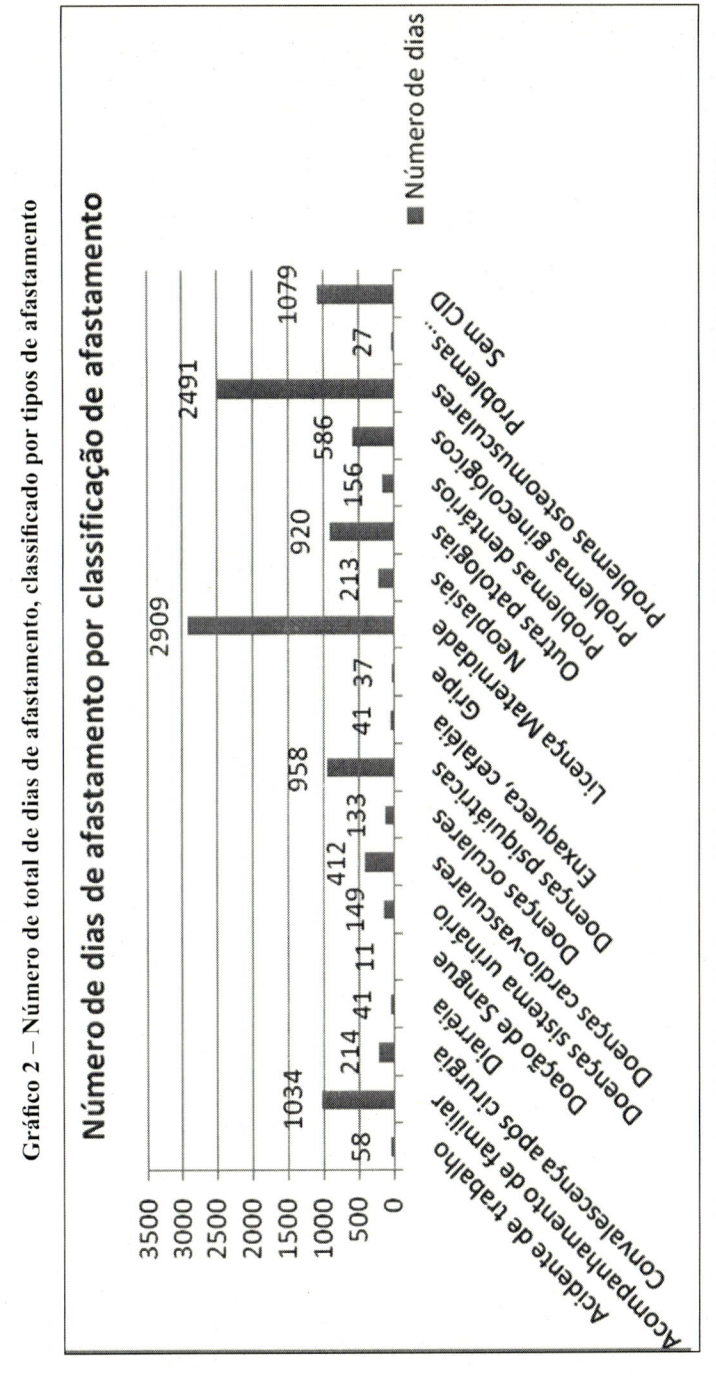

Gráfico 2 – Número de total de dias de afastamento, classificado por tipos de afastamento

Número de dias de afastamento por classificação de afastamento

Classificação	Número de dias
Acidente de trabalho	58
Acompanhamento de familiar	1034
Convalescença após cirurgia	214
Diarréia	41
Doação de sangue	11
Doenças sistema urinário	149
Doenças cardio-vasculares	412
Doenças oculares	133
Doenças psiquiátricas	958
Enxaqueca, cefaléia	41
Gripe	37
Licença Maternidade	2909
Neoplasias	213
Outras patologias	920
Problemas dentários	156
Problemas ginecológicos	586
Problemas osteomusculares	2491
Problemas...	1079
Sem CID	27

Fonte: Elaborado pelos autores com base nos dados da pesquisa fornecido pelo setor de Recursos Humanos do HUOP.

Segundo Alves (1996), em hospitais públicos, os índices de absenteísmo total podem variar de 4,78 a 8,98% e, nos privados, de 0,25 a 5,44%. A autora observa que isso pode estar ocorrendo por haver maiores mecanismos de controle nos hospitais privados.

Observa-se, também, que, nos hospitais privados, existe a prática de cobertura das ausências prolongadas (atestado médico prolongado e licença maternidade) por contratação temporária ou pagamento de horas extras. Essa prática nem sempre é possível nas instituições públicas em razão da legislação vigente. Portanto, a não reposição das ausências por tempo prolongado causa diminuição do contingente de profissionais e, consequentemente, há sobrecarga de trabalho para os profissionais, o que poderá causar desgaste físico e emocional para os trabalhadores (SANCINETTI, 2009).

Segundo Furlan (2013), observa-se como circunstância agravante da taxa de absenteísmo da população em estudo: a predominância do sexo feminino na profissão, a necessidade de complementar a renda familiar e a sobrecarga de atividades no dia a dia. No caso das mulheres, o trabalho em turnos traz consequências importantes para sua qualidade de vida. Por cumprirem dupla jornada de trabalho, têm o descanso após o turno dificultado, por assumirem os trabalhos domésticos e o cuidado com os filhos. Consequentemente, adoecem com maior frequência e faltam mais ao trabalho.

Esta pesquisa corrobora com a afirmativa de Furlan (2013), pois houve predominância entre as mulheres em 94% dos atestados, e apenas 6% de homens. Deve-se lembrar que, nesta instituição, o contingente de trabalhadores do sexo feminino é de 79,8%. A incidência destes atestados está disposta no Gráfico 3.

Gráfico 3 – Incidência de atestados médicos ou odontológicos entre homens e mulheres no HUOP entre janeiro e agosto de 2014

Número de atestados entre homens e mulheres

- Mulher: 1874; 94%
- Homem: 112; 6%

Fonte: Elaborado pelos autores com base nos dados da pesquisa fornecido pelo setor de Recursos Humanos do HUOP.

Considerações finais

Os resultados desta pesquisa permitiram descrever o perfil do absenteísmo-doença dos funcionários do Hospital Universitário do Oeste do Paraná, vinculado à Universidade Estadual do Oeste do Paraná (Unioeste), com o objetivo de subsidiar o aprofundamento teórico para implementação de ações programáticas e preventivas, visando à melhoria das condições de trabalho dos colaboradores dessa instituição, bem como a promoção da saúde.

Do total de licenças-médicas, observou-se maior prevalência de doenças do sistema osteomuscular, seguidos dos acompanhamentos familiares, outras patologias, atestados sem CID e, posteriormente, as doenças psiquiátricas, fator que permite a abertura de novos espaços de pesquisas mais aprofundadas acerca de cada uma dessas patologias, considerando o grau de complexidade, o qual exige que outros estudos possam identificar as características demográficas dos profissionais, de acordo com cada categoria profissional com absenteísmo-doença.

O alto número de licenças médicas que não possuem a especificação da CID-10 foi um limitador deste estudo; no entanto, com o levantamento de dados das patologias identificadas, é possível demonstrar a necessidade e a importância de investir em ações de prevenção, pois o adoecimento é um processo que acarreta em prejuízos de toda ordem, tanto onerando os cofres públicos com a necessidade de substituição de servidores ativos, quanto pela sobrecarga de serviço que se impõe aos demais trabalhadores, levando-os, também, a um possível adoecimento com afastamento precoce de suas atividades.

Os dados apresentados demonstram que existe uma população significativamente alta que já está doente, especialmente de indivíduos que apresentaram doenças do Sistema Osteomuscular, fator que impõe a tomada de medidas administrativas que propiciem o atendimento desses pacientes e, especialmente, o cuidado preventivo como forma de não agravar e de estimular o tratamento e a sensibilização quanto aos cuidados mínimos que podem evitar essas doenças e minimizar os custos com o afastamento de servidores e, consequentemente, o tratamento dessas doenças.

REFERÊNCIAS

ALVES, A.R.A. **Avaliação diagnostica dos índices de absenteísmo da equipe de Enfermagem de um Hospital de Ensino**. Fortaleza, 1995. 74p.

ALVES, M. **O absenteísmo na enfermagem:** uma dimensão do sofrimento no trabalho [tese]. São Paulo: Universidade de São Paulo; 1996.

BARBOSA, B.A. **Doença do trabalho**: uma questão de risco ou de organização de classe? Assessoria de comunicação da UnB. 2004. [citado em 20 jan 2009]. Disponível em: <http://www.unb.br./acs.htm>. Acesso em: 17/10/2014

BARBOSA, D. B.; SOLER, Z. A. S. G. Afastamentos do trabalho na enfermagem: ocorrências com trabalhadores de um hospital de ensino. **Revista Latino-Americana de Enfermagem**, Ribeirão Preto, v. 11, n. 2, p. 177-183, mar. 2003. Disponível em: <http://www.scielo.br/pdf/rlae/v11n2/v11n2a06.pdf>. Acesso em: 15 ago. 2006.

BARCELOS, S. **Caracterização do perfil de absenteísmo-doença dos funcionários do Hospital Nossa Senhora da Conceição de Tubarão – SC**. Monografia apresentada à Diretoria de Pós-graduação da Universidade do Extremo Sul Catarinense – UNESC. Criciúma, 2010.

BINDER, M. C. P.; Cordeiro, R. Sub-registro de acidentes do trabalho em localidade do Estado de São Paulo, 1997. **Saúde Pública**, v. 37, p. 409-416. 2003. Disponível em: <http://www.scielo.br/scielo.php?pid=S0034--89102003000400004&script=sci_arttext>. Acesso em: 5 julh. 2015.

BRASIL. Decreto 7602, de 07 de novembro de 2011. Dispõe sobre a Política Nacional de Segurança e Saúde no Trabalho – PNSST. **Diário Oficial da União**. Brasília,DF, 08/11/2011. Seção 1 – p. 09 e 10.

BULHÕES, I. **Enfermagem do trabalho**. v. 2. Rio de Janeiro: IDEAS, 1986. 463p.

CARVALHO, J. A. M.; GARCIA, R. A. O envelhecimento da população brasileira: um enfoque demográfico. **Caderno de Saúde Pública**,

v. 19, n. 3, p. 725-733. 2003. Disponível em: <http://www.saude.sp.gov.br/resources/profissional/acesso_rapido/gtae/saude_pessoa_idosa/carvalho2003.pdf>. Acesso em: 06 out. 2014.

CASTILHO, V.; FUGULIN, F. M. T.; GAIDZINSCKI, R. R. Gerenciamento de custos nos serviços de enfermagem. In: Kurcgant, P. coordenadora. **Gerenciamento de enfermagem**. Rio de Janeiro: Guanabara Koogan, 2005. p. 171-183.

CASTRO, F.R. **Sala de emergência:** riscos físicos e a potencialidade de eventos adversos. São José dos Campos, SP, 2014. 82 f. Dissertação (Mestrado em Bioengenharia) – Universidade do Vale do Paraíba, Instituto de Pesquisa e Desenvolvimento. São José dos Campos, 2014.

COUTO, H. A. **Temas de saúde ocupacional**: coletânea dos cadernos ERGO. Belo Horizonte: ERGO, 1987. 432p.

FERNANDES, Eda. **Qualidade de vida no trabalho**: como medir para melhorar. Salvador: Casa da Qualidade Editora, 1996.

FURLAN, J. A. S. Fatores geradores do absenteísmo dos profissionais de Enfermagem de um hospital público e um privado. **RAS**, v. 15, n. 60, Jul-Set, 2013.

LAKATOS, E.M.; MARCONI, M.A. **Técnicas de pesquisa**. 2 ed. São Paulo: Atlas, 1990.

MAGALHÃES, N. A. C. O absenteísmo entre trabalhadores de Enfermagem no contexto hospitalar. Revista de Enfermagem, UERJ, v. 19, n. 2. p. 224-230, abr/jun. 2011.

ORGANIZAÇÃO MUNDIAL DA SAÚDE. OMS. (2005) **Prevenção de Doenças Crônicas** - um investimento vital. Disponível em: <http://www.who.int/chp/chronic_disease_report/part_1port.pdf.> Acesso em: 15 set. 2014.

SANCINETTI, T. R. **Absenteísmo por doença na equipe de enfermagem**: taxa, diagnóstico médico e perfil dos profissionais. 2009. 113 f. Tese (Doutorado) – Escola de Enfermagem da Universidade de São Paulo. São Paulo, 2009.

SANTOS FILHO, S. B.; BARRETO, S. M. Atividade ocupacional e prevalência de dor osteomuscular em cirurgiões dentistas de Belo Horizonte, Minas Gerais, Brasil: contribuição ao debate sobre os distúrbios osteomusculares relacionados ao trabalho. **Caderno de Saúde Pública,** v. 17, n. 1, p.181-193. 2001. Disponível em: <http://www.scielo.br/scielo.php?script=sci_arttext&pid=S0102311X2001000100019&lng=pt&nrm=iso>. Acesso em: 07 out. 2014.

TURCHI, M. D.; et al. **Perfil do Absenteísmo** - doença nos servidores públicos municipais de Goiânia. Disponível em: < http://www.sbpcnet.org.br/livro/63ra/conpeex/mestrado/trabalhos-mestrado/mestrado-ana-lucia.pdf>. Acesso em: 5 julh. 2015.

REPOSIÇÃO DE LUMINÁRIAS COM REATORES, POR LÂMPADAS FLORESCENTES ESPIRAIS, ABOLINDO O USO DE FITA ISOLANTE E SUBSTITUINDO-A POR ESPAGUETE RECICLÁVEL DE CAPA EXTERNA DE CABO DE REDE DE INFORMÁTICA DESCARTÁVEL

Ivair Deonei Ebbing[61]
José Dirceu Bordignon[62]
Jandira Turatto Mariga[63]

Introdução

Em 1968, a Conferência da Biosfera deu origem ao conceito de que o desenvolvimento sustentado, ou ecodesenvolvimento, constitui--se num meio no qual, além dos fatores econômicos e os de caráter social e ecológico, deve-se levar em consideração a disponibilidade dos recursos vivos inanimados, suas vantagens e desvantagens, a curto e em longo prazo. O conceito de preservar os recursos naturais significa manter a capacidade produtiva, garantindo qualidade de vida a estas e às futuras gerações; no entanto, para isso, não bastam apenas recursos financeiros, mas, fundamentalmente, é necessária uma mudança de hábitos e de mentalidade (MARIGA, 2010).

Ainda segundo o autor, a história mostra que, já no ano de 1306, em Londres, o rei Eduardo I estabeleceu critérios, inclusive com multas para disciplinar o uso do carvão nas fornalhas que, à época, auxiliava na redução do frio em áreas públicas, e a primeira manifestação global

---

61 Universidade Estadual do Oeste do Paraná, Especialista.
62 Universidade Estadual do Oeste do Paraná.
63 Universidade Estadual do Oeste do Paraná, Mestre em Engenharia de Produção e Doutoranda em Ciências Sociais.

em defesa do meio ambiente ocorreu na década de 60, na ONU, e, a partir daí, a sociedade passou a criticar o modelo de produção e o consequente modo de vida.

Por meio da Convenção de Viena, promulgada em 1995, passou-se a problematizar a camada de ozônio e suas consequências e, a partir de então, começou-se a discussão entre os vários setores sociais sobre a necessidade de um modelo de desenvolvimento mais humano e responsável, abordando-se três temáticas principais, a saber: "crescimento econômico, equidade social e equilíbrio ecológico" (MAIMON apud ANDRADE et al., 2001a, p. 38).

Segundo Capra (1996), à medida que o tempo passa as preocupações com o meio ambiente e os problema a ele relacionados tomam corpo e não podem ser ignorados e considerados de forma isolada, pois todos os problemas estão interligados e são oriundos de uma única crise, a de percepção, e, para superá-los, se faz necessária uma mudança profunda de pensamentos e valores.

Tanto no Brasil como na América Latina, o primeiro órgão não governamental, que discutiu a questão ambiental foi a Associação Gaúcha de Proteção ao Ambiente Natural (AGAPAN), coordenada pelo agrônomo José Lutzemberger, o qual publicou em 1978 a obra *Fim do Futuro? Manifesto Ecológico Brasileiro*, considerado o marco do movimento ambiental brasileiro (MARIGA, 2010).

Apesar de toda a legislação existente, no Brasil a destruição ambiental caminha a passos largos, o que demonstra que somente a legislação não basta para contê-la; é preciso, pois, que cada cidadão, órgão, empresa, entidade, adote medidas para mitigar os graves problemas, além de educar e conscientizar para a importância da preservação ambiental, necessária para a manutenção da vida no planeta.

A questão energética é um dos graves problemas ambientais na atualidade, visto que muitos países se utilizam de termoelétricas ou usinas nucleares, as quais são potencialmente poluidoras.

No Brasil, a matriz energética é, essencialmente, proveniente de usinas hidrelétricas, que dependem da água dos rios em níveis adequados em seus reservatórios para gerar energia e, a atual falta de chuvas, de investimentos e o aumento do consumo, resultam em racionamento de energia elétrica. Segundo a Companhia Paulista de Força e Luz (CPFL), é fundamental economizarmos energia, uma vez que mais de 90% da energia consumida no Brasil é proveniente de usinas hidrelétricas.

Outra fonte de energia utilizada no Brasil é proveniente das usinas termoelétricas, as quais, segundo o site InfoEscola – o qual se identifica como um portal de educação, e que reúne artigos de vários autores sobre temas diversos –, a usina termoelétrica é uma instalação industrial que produz energia a partir do calor gerado pela queima de combustíveis fósseis (como carvão mineral, óleo, gás, entre outros), ou por outras fontes de calor (como a fissão nuclear, em usinas nucleares).

Um dos maiores problemas das usinas termoelétricas é a grande contribuição que elas têm com o aquecimento global, provocado por meio do efeito estufa e de chuvas ácidas, devido à queima de combustíveis, além de gerar o problema com o lixo atômico.

Além das usinas hidrelétricas e termoelétricas, outra fonte de energia, a qual complementa a matriz energética brasileira, é a eólica, que, segundo dados da Revista Exame, este tipo de energia se expandiu "à velocidade de foguete" nos últimos anos e, hoje, é a fonte que mais cresce no Brasil. Até 2018, a participação da energia eólica na matriz energética brasileira vai saltar dos atuais 3% para 8%.

É importante ressaltar que a energia eólica, enquanto alternativa aos combustíveis fósseis, é renovável, está permanentemente disponível, pode ser produzida em qualquer região, é limpa, não produz gases de efeito estufa durante a produção e requer menos terreno.

Para a formulação de estratégias de desenvolvimento sustentável, é necessário que alguns requisitos, como a multidisciplinaridade, o pensamento em escala global, a preocupação com novos empregos e o distanciamento da expectativa somente econômica, sejam discutidos com prioridade (SACHS, 1993 apud LERÍPIO, 2001).

De acordo com a Associação Brasileira de Iluminação (Abilux), o Dia Mundial da Energia foi criado em 1981 para conscientizar as pessoas do mundo inteiro sobre a necessidade de poupar e preservar os recursos naturais do planeta.

Considerando a necessidade de aumento da produção elétrica para atender a uma demanda cada vez mais crescente e a necessidade de contribuir neste processo, a Unioeste tem se preocupado em reduzir seu consumo, não só pelas questões ambientais, mas, também, por questões de ordem econômica. Diante disso, formula-se o seguinte problema de pesquisa: é possível, com a eliminação das fitas isolantes que cobrem as conexões dos fios elétricos e com a substituição das atuais luminárias florescentes com reator por lâmpadas florescentes espirais, economizar energia? E em que percentual?

Para atingir esse objetivo, serão adotados os seguintes procedimentos: (i) reduzir os custos do setor, reaproveitando o material descartável e trocando as luminárias com reator por lâmpadas florescentes espirais, as quais possuem maior durabilidade, garantia e luminosidade; (ii) agilizar e aumentar a segurança nas conexões dos fios elétricos, reciclando e reutilizando capas externas de cabos de redes de informática; iii) utilizar os isolantes de cabos de redes, cobrindo as conexões elétricas entre reatores e lâmpadas (substituindo as fitas isolantes), dando um melhor acabamento e maior segurança; (iv) reduzir o consumo de energia e mão de obra com a reposição das luminárias.

Esta pesquisa se justifica, pois, além de contribuir com as necessidades ambientais prementes, tem o propósito de reduzir substancialmente o consumo de energia e minorar os gastos com material de consumo na área de manutenção elétrica, além de contribuir com a reciclagem dos isolantes de cabos de redes de informática, até então descartados. A pesquisa também contribuirá para aumentar a segurança nas conexões dos fios elétricos.

1 Procedimentos metodológicos

Corroborando com o entendimento de que esta pesquisa se justifica pela necessidade patente de encontrar meios de minorar o impacto ambiental causado pelo consumo de energia e de materiais de consumo, o entendimento de Gil (1994, p. 42) sobre o significado de uma pesquisa é que ela tem por objetivo fundamental "descobrir respostas para problemas, mediante o emprego de procedimentos científicos".

A presente pesquisa pode ser definida como aplicada, uma vez que, segundo Vergara (2000), "tem finalidade prática e é motivada pela necessidade de resolver problemas concretos, de solução imediata ou não".

Segundo Demo (1992), metodologia é o estudo dos caminhos e dos instrumentos para se fazer ciência, não se restringindo apenas a métodos e técnicas de pesquisa, uma vez que o lado empírico abre oportunidades de discussão do problema. O método da pesquisa transmite racionalidade e ordenação, garante o espírito crítico contra credulidades ao exigir argumento diante de tudo o que se afirma e permite criatividade ao vislumbrar novos horizontes.

Para Gil (1994, p. 27), "a ciência tem como objetivo fundamental chegar à veracidade dos fatos", mas, para que esse conhecimento se torne científico, necessário se faz determinar o método utilizado para a obtenção desse conhecimento. O autor define método como o "caminho para se chegar a determinado fim, e método científico como o conjunto de procedimentos intelectuais e técnicos adotados para se atingir o conhecimento".

Inicialmente, pretende-se recolher os cabos de informática descartados, retirar os isolantes externos e usá-los como espaguete, eliminando a necessidade de utilização de fitas isolantes para cobertura das conexões dos fios elétricos. Sempre onde é possível e proporcional ao diâmetro dos fios, a utilização de isolantes externos como espaguete proporciona maior acabamento e segurança nas conexões dos fios nas instalações elétricas. Aos poucos, serão substituídas as luminárias com reator por lâmpadas florescentes espirais nos corredores e salas dos prédios da Unioeste.

O trabalho teve início nos corredores dos prédios de salas de aula do Câmpus de Cascavel. As escadas, que, anteriormente, eram usadas para a troca de lâmpadas e reatores, foram substituídas por plataformas móveis com rodas isolantes e travas para evitar acidentes, dando maior segurança aos técnicos e auxiliares.

A redução no consumo está sendo acompanhada por meio de planilhas, de modo que é possível visualizar os custos com energia elétrica nas unidades onde a pesquisa está sendo implementada. Os dados que alimentam as planilhas, e que são utilizados para comparar a redução dos gastos com energia, são obtidos junto à Divisão de Finanças da Reitoria e Setores Contábeis dos Câmpus de Cascavel, e compreendem as faturas de energia elétrica dos anos de 2010 a 2013. Serão comparados também, os gastos[64] efetuados com compra de material elétrico.

2 Resultados

Como resultados iniciais, e com a substituição das luminárias florescentes com reatores por lâmpadas florescentes espirais, as quais possuem maior luminosidade, garantia e durabilidade, observou-se, no Câmpus de Cascavel, uma considerável redução no consumo no ano de 2013 em relação aos anos anteriores, além de maior eficiência na luminosidade dos setores afetos e melhora significativa na parte estética.

Na Tabela 1 nota-se uma diminuição significativa dos gastos com energia elétrica na Unidade atendida nesta primeira fase da pesquisa, ao compararmos os valores do ano de 2013 com os praticados nos anos anteriores.

Já na Tabela 2, referente à Reitoria, esclarecemos que o aumento considerável demonstrado em 2012 deve-se à mudança do convênio assinado

---

64 Informação dada pelos setores de contabilidade das unidades de Cascavel e Toledo.

ainda em 2011 pelo Reitor em exercício à época. No entanto, ao analisarmos o ano de 2013 em relação aos anos de 2010 e 2011, percebe-se um pequeno aumento, que se deve ao funcionamento e às instalações de aparelhos de ar condicionado no prédio do PDE.

Tabela 1 - Planilha de Gastos Anuais com Energia Elétrica (anos de 2010 a 2013)

Ano	Unidade Administrativa	Em Reais
2010	Câmpus de Cascavel	400.459,23
2011	Câmpus de Cascavel	410.386,22
2012	Câmpus de Cascavel	428.831,18
2013	Câmpus de Cascavel	**368.552,04**

Fonte: Divisão de Finanças da Reitoria da UNIOESTE.

Tabela 2 - Planilha de Gastos Anuais com Energia Elétrica (anos de 2010 a 2013)

Ano	Unidade Administrativa	Em Reais
2010	Reitoria	90.732,15
2011	Reitoria	92.238,38
2012	Reitoria	150.174,52[5]
2013	Reitoria	**95.003,99**

Fonte: Divisão de Finanças da Reitoria da UNIOESTE.

Tabela 3 - Planilha de Gastos Anuais com Energia Elétrica (anos de 2010 a 2013)

Ano	Unidade Administrativa	Em Reais
2010	Câmpus de Toledo	244.723,44
2011	Câmpus de Toledo	260.914,52
2012	Câmpus de Toledo	271.086,63
2013	Câmpus de Toledo	**226.865,47**

Fonte: Divisão de Finanças da Reitoria da UNIOESTE.

A diminuição dos gastos com energia elétrica deve-se ao fato de que as luminárias utilizadas nos corredores, salas de aula e demais salas das edificações (no caso do Câmpus de Cascavel e Reitoria), eram de 64 watts cada. Feita a substituição por lâmpadas espirais (luz branca) de 35 watts cada, temos uma diferença a menor de 29 watts por unidade, o que acarreta uma diminuição considerável no consumo.

---

65 A tarifa teve um aumento considerável, considerando que, em novembro/2011, o reitor em exercício à época assinou contrato com a Copel alterando de tarifa verde para tarifa convencional. Para o ano de 2013, novo contrato foi assinado, retornando para a tarifa verde. E, a partir de 2013 iniciou-se a utilização do prédio do PDE.

Se considerarmos os novos investimentos feitos no Câmpus de Cascavel e na Reitoria no ano de 2012 através da implantação de novos quadros de distribuição de energia para a instalação de aparelhos de ar-condicionado no 3° piso do prédio novo do Câmpus de Cascavel, bem como no prédio do PDE, anexo à Reitoria, os resultados são ainda mais significativos, haja vista a diminuição dos gastos com energia no Câmpus de Cascavel e o pequeno crescimento nos gastos observado na Reitoria em relação aos anos de 2010 e 2011.

Não estão sendo apresentados os resultados relativos ao ano de 2014, tendo em vista que, durante o período de desenvolvimento desta pesquisa, se aguarda o término do exercício contábil e financeiro, o qual se encerra em dezembro de 2014; no entanto, os dados concluídos somente são disponibilizados no primeiro semestre do próximo exercício (2015), após a aprovação das instâncias competentes. Todavia, vale citar que, no Câmpus de Cascavel, até setembro de 2014, foi efetuada a instalação da rede elétrica na Secretaria Acadêmica para a acomodação de 30 (trinta) aparelhos de ar-condicionado, utilizando-se cabos PP 3x4 mm² e 3x2,5 mm², e a troca de lâmpadas nos Laboratórios de Odontologia, Sala de Desenho do Curso de Engenharia Civil, bem como nos espaços de circulação dos setores já mencionados.

No Câmpus de Toledo, por sua vez, foram efetuadas as trocas de linhas telefônicas e, na Reitoria, foi efetuada a instalação de redes elétricas para atender à demanda de todos os setores da Assessoria de Manutenção e Planejamento Físico, bem como a Divisão de Convênios e Sala dos Conselhos Superiores; também foram efetuadas as substituições das lâmpadas para atender aos setores de trabalho da Assessoria de Manutenção e Planejamento Físico.

Nesta primeira etapa, foram substituídas cerca de 325 lâmpadas, sendo em torno de 300 no Câmpus de Cascavel, em seus corredores, salas de aula, laboratórios e salas administrativas, e as demais instaladas nas salas da Reitoria da Unioeste.

Até o final de 2014, a meta foi de concluir os trabalhos já iniciados na Reitoria e no Câmpus de Cascavel, e atingir o percentual de 5% e 30%, respectivamente, de lâmpadas florescentes espirais instaladas.

A comunidade acadêmica beneficiada na Reitoria e no Câmpus de Cascavel é de cerca de 2.000 pessoas. Mesmo que parciais, os resultados apresentados são altamente promissores, conforme demonstrado nas Tabelas 1, 2 e 3, o que justifica a necessidade e importância desta pesquisa.

Considerações finais

No processo de apropriação e uso dos recursos ambientais, é preciso levar em consideração os interesses da coletividade e, tanto a sociedade como o poder público são responsáveis pela preservação do meio ambiente. A visão dos recursos ambientais como infinitos já não cabe mais à atual sociedade, e é necessário desenvolver atitudes preventivas diante dos problemas contemporâneos (MARIGA, 2010).

Considerando-se que a pesquisa está em andamento, já é possível concluir que se obteve êxito em sua primeira fase de implantação e execução.

Com o andamento da pesquisa, poderão ser atendidas todas as Unidades Administrativas da Unioeste, com implementação de ações de troca das luminárias, quadros de comando e demais serviços, estendendo os trabalhos também para a parte da telefonia.

Observaram-se dificuldades técnicas na execução dos trabalhos em locais mais altos, devido ao perigo e incidência de acidentes, o que culminou na necessidade do uso de andaimes para colocação das redes elétricas.

Para o ano de 2015, a previsão é de se intensificar os trabalhos no Câmpus de Cascavel e Reitoria, bem como, estender os benefícios da presente pesquisa a outras Unidades Administrativas, iniciando-se, ainda, o atendimento ao Câmpus de Toledo e ao Hospital Universitário do Oeste do Paraná (HUOP).

REFERÊNCIAS

ANDRADE, Sueli et al. Considerações gerias sobre a problemática ambiental In: LEITE, A. L. T.; MININNI-MEDIN, N. (Org.) **Educação Ambiental:** curso básico à distância: questões ambientais: conceitos, história, problemas e alternativas. v. 5. 2. ed. Ampliada. Brasilília: MMA, 2001a. 393 p.

ASSOCIAÇÃO BRASILEIRA DE ILUMINAÇÃO (Abilux). Disponível em: <http://www.aecweb.com.br/ent/a/abilux_83>. Acesso em: 2 out. 2014.

CAPRA, Fritjof. **A teia da vida:** uma nova compreensão científica dos sistemas vivos. São Paulo: Cultrix. 1996. 256 p.

COMPANHIA PAULISTA DE força e luz (cpfl). Disponível em: <http://www.cpfl.com.br/energias-sustentaveis/eficiencia-energetica/paginas/default.aspx>. Acesso em: 2 out. 2014.

DEMO, Pedro. **Metodologia científica em ciências sociais.** São Paulo: Atlas, 1992. 255 p.

GIL, Antonio C. **Métodos e técnicas de pesquisa social.** 4. ed. São Paulo: Atlas, 1994. 207 p.

INFOESCOLA. Disponível em: <http://www.infoescola.com/fisica/usina-termoeletrica>. Acesso em: 2 out. 2014.

MARIGA, Jandira Turatto. **Desenvolvimento, Implementação e avaliação de um programa de aprendizagem ambiental para condomínios residências:** enfoque em resíduos sólidos. Cascavel: Edunioeste, 2010. 110 p. (Coleção Thésis).

Revista Exame. Disponível em: <http://exame.abril.com.br/economia/noticias/energia-eolica-sopra-com-impeto-no-brasil-veja-quem-lidera>. Acesso em: 14 out. 2014.

LERÍPIO, Alexandre de Ávila. **GAIA** – Um método de gerenciamento de aspectos e impactos ambientais. 2001. Tese (Doutorado em Engenharia de Produção) – Universidade Federal de Santa Catarina, Florianópolis, 2001.

VERGARA, Sylvia Constant. **Projetos e relatórios de pesquisa em administração**. São Paulo: Atlas, 2000.

RECICLAGEM DIGITAL

Carlos Paulo Duda
Charles Volkmann[66]
Jandira Turatto Mariga[67]

Introdução

Ao analisarmos a história do Brasil, nota-se que o pensamento ecológico-político tem origem desde os primórdios de seu descobrimento, isto porque, de um lado, havia uma natureza exuberante e, de outro, a pretensão do poder europeu em como usufruir dessa exuberância. Essa preocupação pode ser vista pelo manifesto escrito por José Bonifácio, em 1823:

> Nossas terras estão ermas, e as poucas que temos roteado são mal cultivadas, porque o são por braços indolentes e forçados; nossas numerosas minas, por falta de trabalhadores ativos e instruídos, estão desconhecidas ou mal aproveitadas; nossas preciosas matas vão desaparecendo, vítimas do fogo e do machado da ignorância e do egoísmo; nossos montes e encostas vão-se escalvando diariamente, e com o andar do tempo faltarão as chuvas fecundantes, que favorecem a vegetação e alimentam nossas fontes e rios, sem o que nosso belo Brasil, em menos de dois séculos, ficará reduzido aos páramos e desertos da Líbia. Virá então esse dia (dia terrível e fatal) em que a ultrajada natureza se ache vingada de tantos erros e crimes cometidos (JOSÉ BONIFÁCIO apud PÁDUA et al., 1987, p. 26).

As cidades começaram a surgir a partir das últimas 200 gerações; sua população se comporta como "parasita", não produz alimentos e, em contrapartida, polui e não recicla praticamente nada do material inorgânico que produz. Neste contexto, os resíduos sólidos, dentre eles os eletrônicos, constituem-se num dos graves problemas ambientais, uma vez que seu volume aumenta progressivamente, principalmente nos grandes centros urbanos, necessitado da participação da sociedade para uma correta destinação (MARIGA, 2010).

---

66 Universidade Estadual do Oeste do Paraná. Especialista.
67 Universidade Estadual do Oeste do Paraná, Mestre em Engenharia de Produção e Doutoranda em Ciências Sociais.

Com uma importância cada vez maior na gestão pública e seguindo as tendências mundiais, o Brasil, baseado na experiência vivida por outros países, aprovou em 2 de agosto de 2010 a Lei nº 12.305, a qual institui a Política Nacional de Resíduos Sólidos, estabelecendo uma diferenciação entre resíduo e rejeito[68], num claro estímulo ao reaproveitamento e reciclagem dos materiais (BRASIL, 2010).

Esta lei abrange algumas ações focadas para o mercado de eletrônicos que, com o surgimento de novas tecnologias e com a entrada de produtos importados mais baratos, se encontra em franca aceleração.

De acordo com Mariga (2010), nas regiões metropolitanas sempre haverá grupos de população prejudicados com a atual destinação dos resíduos sólidos, ou seja, não há um lugar adequado onde se possa depositar os resíduos sólidos, especialmente os eletrônicos, sem causar transtornos ao meio ambiente e à população. Por isso, a participação da sociedade no debate e na formulação de gestão inteligente deve ser compartilhada com a sociedade para transformar e melhorar o panorama ambiental.

A substituição dos equipamentos eletrônicos tem sido realizada com maior frequência e, consequentemente, tem ocorrido o acelerado aumento de resíduo eletrônico. Por estas razões, o aprofundamento das discussões sobre o resíduo eletrônico e a adoção de medidas para preservação do meio ambiente tornaram-se necessários e urgentes.

A abordagem moderna, no sentido de mitigar essa problemática, exige muito mais que a implantação de eficiente coleta, tratamento e disposição desses resíduos. Sobre isso, Juras (2000) argumenta que

> É preciso incentivar a redução e geração e o aumento do aproveitamento dos resíduos sólidos, o que requer o estabelecimento de mecanismos que extrapolam as competências municipais e estaduais, como, por exemplo, a atribuição e responsabilidades aos fabricantes pelo ciclo total do produto, incluindo a obrigação de recolhimento após o uso pelo consumidor, ou tributação diferenciada por tipo de produto. (JURAS, 2000 apud MARIGA, 2010, p. 31).

---

68 A Lei nº 12.305/10, em seu Art. 3º, § XVI, define resíduos sólidos como "material, substância, objeto ou bem descartado resultante de atividades humanas em sociedade, cuja destinação final se procede, se propõe proceder ou se está obrigado a proceder [..]"; e em seu § XV define rejeito como "resíduos sólidos que, depois de esgotadas todas as possibilidades de tratamento e recuperação por processos tecnológicos disponíveis e economicamente viáveis, não apresentem outra possibilidade que não a disposição final ambientalmente adequada". (BRASIL, 2010, s/p.).

Diante disso, a destinação final do resíduo constitui-se em tema de debate nos principais eventos internacionais e muitas empresas já projetam, cada vez mais, produtos para reciclagem ou refabricação, economizando materiais e energia. Muitas dessas empresas já rotulam seus componentes indicando a composição química ou metálica, sendo que "essas iniciativas de desenho para desmontagem pressagiam uma grande expansão do conceito de reutilização e reciclagem, que é a chave para uma economia sustentável" (GARDNER et al., 2002, p. 21).

O resíduo eletrônico é considerado um resíduo sólido especial de coleta obrigatória (Brasil, 2010), configurando-se como um grave problema para o ambiente e para a saúde, desde sua produção até o seu descarte, pois é constituído de materiais que possuem metais pesados altamente tóxicos, denominados "vilões silenciosos"[69]. A sua produção e o seu descarte inadequado podem afetar tanto os trabalhadores quanto comunidades do seu entorno.

Além disso, esses resíduos são, normalmente, descartados em lixões e acabam prejudicando o meio-ambiente e os catadores[70] que sobrevivem da venda de materiais coletados nos lixões das cidades (SIQUEIRA; MORAES, 2009).

No Estado do Paraná, a Lei nº 15.851/2008 determina que empresas produtoras, distribuidoras e que comercializam equipamentos de informática no Estado são obrigadas a criar e manter programa de recolhimento, reciclagem ou destruição de equipamentos de informática, sem causar poluição ambiental (PARANÁ, 2008). Há, ainda, a Lei nº 16.953/2011, a qual prevê multa por dano ambiental caracterizado por qualquer ato que implique o depósito de lixo[71] em logradouro público.

Segundo Pereira (2014), o Sebrae[72] está incentivando um novo tipo de mercado para a abertura de negócios, a saber, a criação de empresas que reciclam o material eletroeletrônico. Estes materiais obtidos da reciclagem dos computadores e outros equipamentos (fios de cobre, metais, vidro etc.) viram matéria prima para novos usos pela indústria. O vidro dos monitores, por exemplo, pode virar piso. O entrave para a expansão deste novo mercado, neste caso, é a falta de uma estrutura de coleta dos equipamentos. Nesse sentido, temos um paradoxo: existe

---

69 Metais pesados como mercúrio, berílio, chumbo e cádmio são altamente prejudiciais ao meio ambiente, e se acumulam no organismo humano podendo causar doenças crônicas.
70 Pessoas que sobrevivem da coleta de material descartado, normalmente inorgânico, como papel e metais.
71 Compreende-se aqui como lixo qualquer resíduo sólido, orgânico ou inorgânico, de origem doméstica, comercial, industrial, hospitalar ou especial, resultante das atividades diárias do homem em sociedade (PARANÁ, 2011).
72 Serviço Brasileiro de Apoio às Micro e Pequenas Empresas (Sebrae).

muito lixo para ser reciclado e negócios para serem expandidos ou criados, porém, não existe uma coleta regular deste material que forneça a matéria prima para as empresas recicladoras.

Diante do contexto exposto e, para mitigarmos o problema do resíduo eletrônico no âmbito da Unioeste, formula-se o seguinte problema de pesquisa: é possível, por meio da reciclagem, mitigarmos o problema do resíduo eletrônico no âmbito da Unioeste?

Para respondermos a essa questão, propomos como objetivo geral: a) disponibilizar a coleta de resíduo eletrônico aos servidores da Unioeste e capacitar os sujeitos acerca da correta destinação deste material, bem como o seu encaminhamento para outras instituições quando ainda for possível a sua utilização e, b) objetivos específicos: (i) incentivar a coleta de resíduo eletrônico para redução/eliminação de materiais prejudiciais ao ambiente como cádmio, mercúrio, chumbo, cromo hexavalente, PVC etc.; (ii) aumentar a longevidade dos equipamentos por meio da expansão do ciclo de vida dos mesmos e seu posterior reuso; (iii) realizar campanhas de educação ambiental por meio de parcerias e alertar a comunidade acadêmica sobre a problemática do descarte do resíduo eletrônico junto com o lixo comum.

1 Procedimentos metodológicos

Entende-se por metodologia o caminho e os instrumentos utilizados para se fazer ciência; porém, o lado empírico também abre oportunidades de discussão do problema. O método da pesquisa transmite racionalidade e ordenação, garante o espírito crítico contra credulidades ao exigir argumento diante de tudo o que se afirma, e permite criatividade ao vislumbrar novos horizontes. (DEMO, 1992).

A área científica é permeada de conflitos e contradições e, para Deslandes et al. (1994, p. 12), "o labor científico caminha sempre em duas direções: numa, elabora suas teorias, seus métodos, seus princípios e estabelece seus resultados; noutra, ratifica seu caminho, abandona certas vias e encaminha-se para certas direções privilegiadas".

Nesse sentido, este trabalho pode ser definido como pesquisa aplicada (Vergara, 2000), uma vez que tem finalidade prática e é motivado pela necessidade de resolver o problema do resíduo eletrônico na Unioeste.

Esta pesquisa segue, ainda, os preceitos definidos por Gil (1999), quanto ao emprego de procedimentos científicos, pois, por meio da observação e de informações coletadas a respeito do assunto, chegamos à conclusão de que a reciclagem/reaproveitamento é, atualmente, o único caminho viável para o descarte do resíduo eletrônico.

Para tudo o que se faz existe um método, uma forma de fazer, como afirma Gil (1999, p. 60): "quando alguém tem necessidade de obter determinado conhecimento, dirige sua atenção e energias para leituras, cursos, palestras e outras ações capazes de satisfazer as necessidades", necessidades essas que motivaram um amadurecimento da responsabilidade ambiental, da prevenção e precaução, bem como o reconhecimento desses resíduos como bens econômicos e de valor social, princípios estes que são alardeados à exaustão, sejam pelas redes sociais, televisão e imprensa escrita, e que foram instigados pela Lei nº 12.305, a qual institui a Política Nacional de Resíduos Sólidos.

Seguindo essas premissas, o problema inicial é que, anteriormente, na Unioeste, na Reitoria e no Câmpus de Cascavel, o resíduo eletrônico descartado era misturado com o lixo comum, desprezando-se totalmente a questão ambiental, uma vez que não havia nenhum estímulo nem sanções que motivassem o seu reaproveitamento ambientalmente correto.

Impulsionados principalmente pela questão ambiental e, a partir desta pesquisa, iniciou-se o recolhimento do material descartado (teclados, mouses, placas eletrônicas, discos rígidos e eletrônicos em geral), provenientes da comunidade acadêmica da Unioeste sendo, nesta primeira etapa da pesquisa, atendidos o Câmpus de Cascavel e a Reitoria.

Em seguida, esse material é acondicionado em caixas onde aguardam a triagem que determinará os locais para onde serão destinados. A fim de que haja a compensação financeira de seu transporte, essa triagem é feita somente quando acumulado em torno de 100 kg.

Neste processo, é separado o rejeito, que é composto de material plástico (teclados, mouses etc.), o qual é destinado ao Ecolixo, e o restante do resíduo é separado em caixas contendo sucata eletrônica e material em funcionamento, o qual é destinado aos dois colégios técnicos da cidade de Cascavel. Todo o resíduo, mesmo que contenha sucata, é reaproveitado para o ensino nas instituições de destino.

Apesar de a triagem aparentar ser um trabalho simples, a separação de materiais requer alguma capacitação técnica e realização de testes simples para verificar se alguns itens, como impressoras e monitores de computador, por exemplo, ainda apresentam funcionamento. Isso visa, principalmente, facilitar o trabalho das entidades que vão receber esse material, no sentido de agilizar o seu reaproveitamento ou reciclagem.

2 Resultados e discussão

Depois de critérios estabelecidos e divulgados os locais de coleta dos resíduos eletrônicos provenientes da comunidade acadêmica, o Núcleo de Tecnologia da Informação (NTI) da Reitoria da Unioeste recolhe e efetua a triagem, a separação e o seu encaminhamento.

Apesar da existência de empresas que trabalham com reciclagem de eletrônicos na cidade de Cascavel, temos como foco norteador dessa pesquisa atender primeiramente as instituições com fins sociais.

Após o processo de triagem, o resíduo eletrônico é separado para, finalmente, poder ser reaproveitado e destinado aos estabelecimentos Educacionais Colégio Estadual Padre Carmelo Perrone e CEEP Pedro Boaretto Neto[73]. O material restante, que não apresenta possiblidade de reaproveitamento, é encaminhado para o Projeto Ecolixo de Cascavel[74].

A Tabela 1 contém os dados relativos à quantidade de resíduo e rejeitos destinados a cada estabelecimento, e que foram recolhido durante o ano de 2014.

Tabela 1 – Instituições e quantidade de resíduos e rejeitos

Unidade Administrativa	Em Kg
Colégio P. Carmelo Perrone	200 Resíduos
CIEEP	183 Resíduos
Ecolixo	171 Rejeitos
Total	554

Fonte: Elaborado pelo autor.

Apesar do sucesso deste primeiro ano do projeto, a grande maioria do resíduo eletrônico tem custo relativamente alto para reciclagem (como monitores ou televisores, sejam de tubos catódicos ou LCD), o que implica no transporte destes resíduos até Curitiba, Paraná. Atualmente, a despesa com transporte deste material arrecadado em campanhas anuais de recolhimento do resíduo é totalmente custeada pela Prefeitura do Município de Cascavel e, caso isso deixe de ocorrer, essa despesa deverá ser absorvida pelos pesquisadores, variando o custo de R$15,00 a R$25,00 por unidade de resíduo eletrônico, conforme o tamanho e/ou volume a ser transportado e, a fim de que o projeto se torne viável, será necessário buscar parcerias ou apoiadores.

---

73   Sigla para Centro Estadual de Educação Profissional - CEEP
74   Ecolixo é um programa público que visa a sustentabilidade ambiental na cidade de Cascavel/PR sendo administrado pela Cootacar - Cooperativa dos Trabalhadores Catadores de Material Reciclável.

Foi questionado ainda acerca da possibilidade da coleta individual a domicílio, porém, isto não é ambientalmente correto devido ao gasto com combustível, mesmo porque, de uma maneira ou outra, todos se deslocam até a universidade, e, normalmente, todos os dias.

Propiciar destino final ambientalmente correto aos resíduos eletrônicos amplia as possibilidades de um ambiente mais saudável e de geração de renda. Assim, pretendeu-se, com essa pesquisa, trazer apenas mais uma contribuição no processo de busca pelo desenvolvimento sustentável, somar e incentivar novas ideias e formas de participação da sociedade no gerenciamento de seu futuro e espaço, bem como conscientizar e visualizar oportunidades que proporcionem à sociedade melhoria de qualidade de vida.

Considerações finais

A evolução da ciência desencadeou, também, a necessidade de conscientizar para preservar e defender o meio ambiente. Os problemas ambientais devem ser vistos de maneira holística, sistêmica e interdisciplinar; no entanto, isso não tem ocorrido. O Aquecimento global, a camada de ozônio, o desmatamento inconsequente, a extinção da biodiversidade, a péssima qualidade de vida nas grandes cidades, a escassez de água, a fome e a geração de um volume quase incontrolável de resíduos sólidos, entre outros, mostram que o planeta precisa de cuidados especiais e urgentes, e isso é fruto do atual estágio de desenvolvimento econômico e dos padrões de produção e consumo adotados para atender, sobretudo, os anseios dos países ricos (MARIGA, 2010).

Como a pesquisa está em andamento, em fases posteriores pretende-se programar campanhas de Educação Ambiental, por meio de parcerias, de forma a alertar a comunidade acadêmica sobre a problemática do descarte do resíduo eletrônico junto com o lixo comum. Para isto, será necessária maior divulgação, uma vez que muitos integrantes da comunidade acadêmica ainda desconhecem o projeto.

A Educação Ambiental oferece instrumentos de análise e compreensão na busca de soluções para os problemas ambientais do cotidiano, uma vez que leva em conta as características de desenvolvimento cognitivo do educando, seu progresso e alcance das estruturas hipotéticas-dedutivas, ou seja, propicia capacitação para interferir nos problemas locais e, a partir disso, desenvolver ações a fim de se evitar ou prevenir possíveis problemas ambientais (MARIGA, 2010).

Alguns *Campi* estão propondo parcerias, mas, para isso, é preciso verificar *in loco* quais os locais de entrega para reciclagem e reuso, evitando ao máximo o gasto com transporte do resíduo eletrônico até Cascavel; no entanto, quando isso ocorrer, deverá ser transportado em veículos da instituição que se deslocam para outros serviços.

Concluímos, portanto, que a pesquisa teve sucesso neste primeiro ano de implantação e os objetivos propostos foram atingidos, já que foram recolhidos 554 Kg de materiais destinados ao reaproveitamento/reciclagem. Porém, é preciso avançar ainda mais na questão da divulgação, bem como, aplicar questionários *on line* para responder a questões pontuais sobre a destinação que a comunidade acadêmica está dando ao seu resíduo eletrônico. Essa nova fase será necessária para averiguar, no âmbito da Unioeste, qual o percentual de pessoas que, ainda, descartam incorretamente seus eletrônicos após o fim da sua vida útil.

REFERÊNCIAS

BRASIL. **Lei nº 12.305, de 2 de agosto de 2010**. Institui a Política Nacional de Resíduos Sólidos; altera a Lei no 9.605, de 12 de fevereiro de 1998; e dá outras providências. Disponível em <http://www.planalto.gov.br/ccivil_03/_ato2007-2010/2010/lei/l12305.htm>. Acesso em: 19 set. 2014.

DEMO, Pedro. **Metodologia científica em ciências sociais**. São Paulo: Atlas, 1992. 255 p.

DESLANDES, S. F. O projeto de pesquisa como exercício científico e artesanato intelectual. In: **Pesquisa social**: teoria, método e criatividade. MINAYO, M. C. de S. (Org.). Petrópolis, RJ: Vozes, 1994. 80 p.

GARDNER, Gary et al. **Estado do Mundo 2002**. O desafio de Joanesburgo: criar um mundo mais seguro. Salvador: UMA, 2002. 280p.

GIL, Antonio C. **Métodos e técnicas de pesquisa social**. 4. ed. São Paulo: Atlas, 1999.

MARIGA, Jandira Turatto. **Desenvolvimento, Implementação e avaliação de um programa de aprendizagem ambiental para condomínios residências**: enfoque em resíduos sólidos. Cascavel: Edunioeste, 2010. 110 p. (Coleção Thésis).

PÁDUA, José A. et al. Natureza e projeto nacional: as origens da ecologia política no Brasil. In: PÁDUA, J.A. (Org.). **Ecologia e política no Brasil**. Rio de Janeiro: Espaço e Tempo: IUPREJ, 1987. 211 p.

PARANÁ. Lei nº 15.851, de 10 de junho de 2008. **Diário Oficial Executivo**, Curitiba, 10 jun. 2008. Ed.7738, p. 3.

PARANÁ. Lei nº 16.953, de 29 de novembro de 2011. **Diário Oficial Executivo**, Curitiba, 29 nov. de 2011. Ed. 8598, p. 3.

PEREIRA, Daniel. **Lixo eletrônico** - Problemas e Soluções. Disponível em: <http://www.sermelhor.com.br/ecologia/lixo-eletronico-problema-e-solucoes.html> Acesso em: 19 set. 2014.

SIQUEIRA MM; Moraes MS. Saúde coletiva, resíduos sólidos urbanos e os catadores de lixo. **Ciência & Saúde Coletiva**, 14(6): 2115-2122. 2009.

VERGARA, Sylvia Constant. **Projetos e relatórios de pesquisa em administração**. São Paulo: Atlas, 2000.

SUSTENTABILIDADE:
curtimento ecológico e avaliação da resistência do couro de rã

Márcia Luzia Ferrarezi Maluf[75]
Fernando Dressler
Janete Terezinha Chimbida[76]
João Cezar de Araújo
Nelci Janete dos Santos Nardelli

Introdução

Nos últimos 20 anos, excedemos a capacidade de a Terra suportar nossos estilos de vida, e é necessário parar. Precisamos equilibrar nosso consumo e a capacidade de regeneração da natureza, e reduzir os resíduos. Caso contrário, corremos o risco de gerar danos irreparáveis. (WWF, 2006, p. 3).

Ao se pensar na questão ambiental, esse processo não é diferente, uma vez que o objetivo central é a formação de pessoas que adquiram a consciência de que uma ação sua em prol da adoção de comportamentos que preservem o ambiente e promovam a sustentabilidade[77], por menor que seja, pode fazer a diferença para a transformação da sociedade e do contexto onde cada pessoa está inserida. Portanto, ao se pensar em educação ambiental, necessariamente, deve-se pensar em ação efetiva, com o objetivo de formar pessoas comprometidas com a sustentabilidade ambiental, bem como com a "[...] capacidade de satisfazer as necessidades do presente sem comprometer a capacidade das gerações futuras de satisfazerem suas próprias necessidades" (CMMAD, 1988, p. 9).

---

[75] Mestre em Ciências Farmacêuticas pela Universidade Estadual do Oeste do Paraná (Unioeste). Coordenadora do projeto desenvolvido com a equipe técnica formada pelos servidores Fernando Dressler e João Cezar de Araújo. E-mail: mlmaluf@yahoo.com.br
Mestre em Engenharia Agrícola pela Universidade Estadual do Oeste do Paraná (Unioeste). E-mail: janterchim@yahoo.com.br

[76] Mestre em Letras pela Universidade Estadual do Oeste do Paraná (Unioeste). Orientadora do projeto PDA. E-mail: nelci.nardelli@unioeste.br

[77] O termo **sustentabilidade** surge, oficialmente, em 1987, com conceito estabelecido pela Comissão Mundial sobre Meio Ambiente e Desenvolvimento (CMMAD), da Organização das Nações Unidas (ONU), o qual passa por diferentes definições, de acordo com o contexto em que é aplicado.

A Indústria de Curtume tem sido incluída entre as que mais têm contribuído com a poluição do meio ambiente, principalmente em relação ao processo de curtimento, porém, a necessidade de diminuir a poluição gerada durante todo o processo, mantendo a qualidade do couro produzido, tem originado a busca de tecnologias alternativas de produção menos agressivas ao meio ambiente. Nesse sentido, o curtimento de peles curtidas com taninos naturais (curtimento vegetal) apresenta-se como perspectivas para o desenvolvimento da cadeia produtiva do couro, sendo, pois, considerado como nova consciência acerca da importância e necessidade de proteger o meio ambiente. Desta forma, é de grande importância o desenvolvimento de novas alternativas de curtimento com produtos que preservem o meio ambiente (LIRA, 2012). A pele de rã é um exemplo desses produtos, um material exótico e resistente, cujo processo de produção pode se adequar às leis de preservação e sustentabilidade, gerando novas possibilidades de renda através do aproveitamento da pele. A pele, a qual teria como destino o lixo, está ganhando novo mercado e transformando-se em um material rentável e com grande padrão de qualidade. Sua aplicação abrange desde a fabricação de bolsas, calçados e vestuário até a confecção de móveis e acessórios (MONSUETO, 2008).

Neste viés, esta pesquisa visa, para além de uma proposta de difusão do conhecimento de como utilizar a tecnologia para acabamento e resistência de couro de rã para a confecção de acessórios, instigar um processo de reflexão da ação humana no processo de educação e sustentabilidade ambiental, a partir do envolvimento dos participantes do projeto e da comunidade por ele alcançada.

Com a implantação do programa intitulado Plano de Desenvolvimento dos Agentes Universitários (PDA) na Unioeste, os servidores passaram a desenvolver projetos e pesquisas nas mais diferentes áreas, com o objetivo de valorizar as atividades meio da Instituição e, com isso, aperfeiçoar o capital humano disponível para desenvolver as atividades inerentes à Carreira Técnica Universitária e os recursos públicos que são, notoriamente, escassos.

Essa otimização é passível de ser alcançada em face de que, a partir da motivação para o desenvolvimento de projetos que possam ser aplicados, também, na área de formação do servidor, independentemente da função que ele ocupa na instituição, tanto o servidor que tem formação acadêmica e capacitação para realizar atividades diversas de sua função de origem, sentiu-se valorizado e passou a promover a execução de projetos, produtos e serviços que são utilizados pela comunidade acadêmica e, também, ampliados para a sociedade.

Neste sentido, além de atender uma das funções da Universidade, que é o repasse do conhecimento produzido no espaço acadêmico, bem como a própria produção do conhecimento, com a adaptação de metodologias para o acabamento e a resistência da pele de rã se oportuniza a formação de novas equipes de trabalho que poderão, a partir de sua participação no projeto ou em uma das oficinas/palestras oferecidas, conhecer os principais materiais utilizados e os instrumentos necessários para o aprendizado de corte e costura e colagem, criação de modelos para os trabalhos, bem como a fabricação de diversas peças em couro (decorativas, bijuterias, acessórios, entre outros), tingimento, polimento e apresentação final, ensinando todas as etapas da fabricação artesanal, atentando para suas especificidades, finalidades e destino adequado para os resíduos.

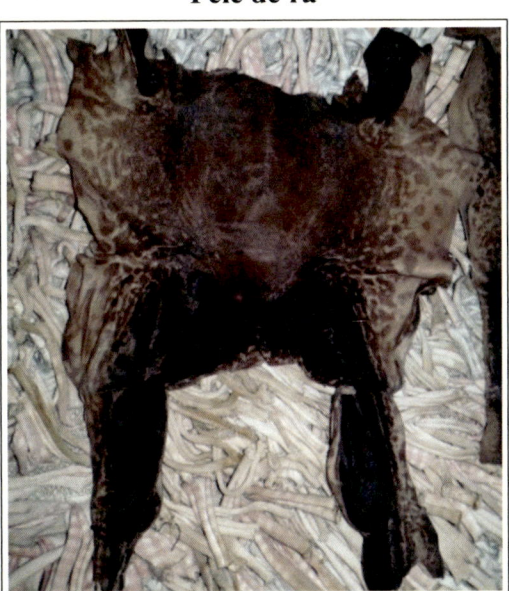

Pele de rã

Acessórios fabricados com pele de rã

Fonte: MALUF, Marcia. Acessórios rã. 2014. Fotografia da autora.

1 Procedimentos metodológicos

A sustentabilidade abrange ações de cidadania participativa e integrada no contexto em que está sendo desenvolvido o projeto, bem como responsabilidade socioambiental da instituição e de seus servidores. Busca-se equilíbrio entre as questões econômicas, ambientais, sociais e culturais dentro de um contexto burocrático, em que seus atores são cotidianamente desafiados a desenvolver projetos e ações viáveis, no sentido de valorizar e nutrir a cultura organizacional, além de fomentar iniciativas locais, com novas metodologias capazes de alavancar o desenvolvimento da comunidade acadêmica e externa por meio de estímulos, capacitação continuada e *feedback* sobre sua atuação, proporcionando, ainda, o incentivo financeiro dos órgãos de fomento.

Esta pesquisa-ação tem caráter educativo que, segundo Thiollent (1994), "apresenta quatro etapas inter-relacionadas: planejamento, ação, observação e reflexão, que são de natureza construtiva – reconstrutiva e prática-discursiva". Portanto, trata-se de uma ferramenta para a reflexão sobre a ação e a avaliação continuada dessa ação, no contexto em que está sendo aplicada e, no caso do projeto em tela, a ação reflexiva no processo de aproveitamento das peles de rã, transformando-as em couro, transcende o simples acúmulo de informação para a delimitação e a solução de um problema de ordem prática, a saber, o que fazer com os resíduos gerados nos abatedouros de rã/peixe?

Assim, um dos objetivos estabelecidos neste projeto é propor um destino correto ao resíduo (pele) de rã a fim de que haja a conservação do meio ambiente, bem como agregar valor ao produto final, o qual poderá ser comercializado e seu lucro revertido à manutenção dos projetos desenvolvidos pelos Agentes Universitários da Unioeste.

A matéria-prima utilizada foi a pele da rã (ranicultura), que é uma alternativa de empreendimento agroindustrial relativamente recente no Brasil, tendo início em 1970 (MOREIRA, 2011). A carne de rã representa aproximadamente 46 % do peso vivo do animal, de modo que os 54 % restantes são resíduos, sendo que a pele representa aproximadamente 10 % desse total, gerando grandes quantidades de resíduos em seu processamento (CARRARO, 2008; CASALI et al., 2005).

Uma das formas para o aproveitamento das peles de rã é a sua transformação em couro através do processo de curtimento, que pode elevar o valor econômico da pele, a qual é considerada um subproduto (SOUZA, 2004). Contudo, é importante que esse processo seja efetuado de forma que não cause danos ao meio ambiente. Assim, buscam-se alternativas para a substituição do cromo, tradicionalmente utilizado por ser um metal pesado, surgindo, então, o couro ecológico, este processado com produtos naturais e sem a aplicação de sais de cromo (VIEIRA et al., 2008).

Dentre os produtos empregados para substituição do cromo estão os taninos vegetais. O tanino mais utilizado é obtido da casca da acácia (*Acacia mearnsii*), sendo que, para determinar a qualidade do couro de rã obtido por meio do processo de curtimento, faz-se necessário avaliar sua resistência, uma vez que esta pode ser influenciada por fatores como: peso, idade, sentido da pele (transversal e longitudinal), a conservação e o processo de curtimento (VIEIRA et al., 2008).

Neste trabalho, buscamos avaliar a resistência físico-mecânico (sentido longitudinal e transversal) dos couros de rã touro curtido pelo processo utilizando-se tanino vegetal. As peles de rã touro (*L. catesbeianus*) foram cedidas por um abatedouro localizado na cidade de Palotina-PR, as quais foram conservadas por congelamento em freezer sob temperatura de -18°C. Foram utilizadas 2 quilos de peles *in natura*. O processo foi realizado em seis etapas, conforme fluxograma descrito na Figura 1, de acordo com as particularidades das peles de rã (Maluf, 2010).

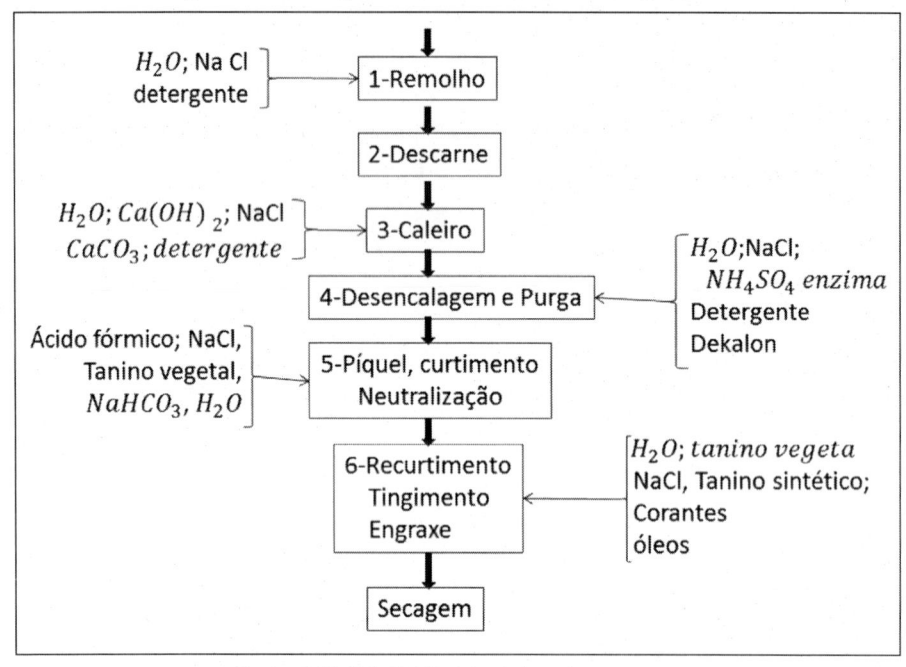

Figura 1 - Fluxograma do curtimento ecológico da rã

```
$H_2O$; Na Cl         ┐
detergente            ├──→  1-Remolho
                      ┘         ↓
                            2-Descarne
                                ↓
$H_2O$; $Ca(OH)_2$; NaCl ┐
$CaCO_3$; detergente     ├──→  3-Caleiro
                         ┘      ↓                    ┌ $H_2O$; NaCl;
                         4-Desencalagem e Purga ←──  │ $NH_4SO_4$ enzima
Ácido fórmico; NaCl,     ┐      ↓                    │ Detergente
Tanino vegetal,          ├──→ 5-Píquel, curtimento   └ Dekalon
$NaHCO_3$, $H_2O$        ┘    Neutralização
                                ↓                    ┌ $H_2O$; tanino vegeta
                            6-Recurtimento           │ NaCl, Tanino sintético;
                            Tingimento        ←──   │ Corantes
                            Engraxe                  └ óleos
                                ↓
                            Secagem
```

Fonte: (MALUF, 2010). Adaptado pelos autores.

Para avaliar a resistência do couro, foram utilizados oito couros obtidos a partir das peles curtidas e as amostras (corpo de prova) analisadas foram retiradas com auxílio de um balancim no sentido longitudinal e transversal em relação ao comprimento da rã (ABNT-NBR 11035, 1990). Foram determinados os cálculos de força (N), resistência à tração (N/mm^2) e alongamento até a ruptura (%) (ABNT-NBR 11041, 1997a); força máxima (N) e força de rasgamento progressivo (N/mm) (ABNT-NBR 11055, 1997b); e espessura (mm) (ABNT-NBR 11062, 1997c). Os testes foram realizados no laboratório de controle de qualidade da Bombonatto – Indústria e Comércio de Couros Ltda. de Toledo –, com o auxílio de um espessímetro e um dinamômetro.

Os resultados foram submetidos à análise de variância ANOVA e as diferenças de médias pelo teste de Tukey, em nível de 5 % de probabilidade, pelo programa STATISTIC.

Devido à complexidade do processo de transformação da pele em couro, há a necessidade da determinação da sua resistência através de testes físico-mecânicos para a utilização em vestuários, calçados, cintos, bolsas, entre outros. Entretanto, não existem parâmetros específicos para couros de rã. A resistência do couro pode ser influenciada por fatores como: peso, idade, sentido da pele (transversal e longitudinal), bem como pela conservação e o processo de curtimento (VIEIRA et al., 2008). Os resultados obtidos para o teste de resistência à tração e ao alongamento no sentido longitudinal ao comprimento do animal apontam que a tração de ruptura foi de 9,75 N/mm^2 e a porcentagem de alongamento de 34,50 %, utilizando força de 23,87N para ocorrer a ruptura do corpo de prova. No sentido transversal ao comprimento do corpo, os valores encontrados foram, respectivamente: 6,26 N/mm^2, 33,62 % e 20,00 N, em ambos os sentidos não houve diferença significativa, conforme pode ser observado na Tabela 1.

Tabela 1 - Média do teste de resistência à Tração e ao rasgamento progressivo e alongamento do couro de rã-touro e o sentido do corte (longitudinal ou transversal)

Sentido	Tração e alongamento				Rasgamento progressivo		
	Espessura (mm)	Força (N)	Tração (N/mm^2)	Alongamento(%)	Espessura (mm)	Força (N)	Rasgo (N/mm)
Longitudinal	0,275 b	3,87	9,75	34,50	0,375	6,25	16,87
Transversal	0,375 a	0,00	6,25	33,62	0,342	6,57	20,02
Valor de P	0,016	0,529	0,245	0,835	0,473	0,779	0,433

Em cada coluna, valores seguidos de letras diferentes diferem pelo teste de Tukey a 5 % de probabilidade (P > 0,05).
Fonte: Elaborado pelos autores.

Quanto ao teste de rasgamento progressivo, disposto na Tabela 1, não houve diferença significativa (p > 0,05) de acordo com o sentido do corte: 16,87 N/mm para o sentido longitudinal e 20,02 N/mm para o sentido transversal. Os valores de referência para couros curtidos ao cromo para vestuário devem ser de, no máximo, 60 % para o alongamento na ruptura, de, no mínimo, 25 N/mm^2 de resistência à tração e, no mínimo, 35 N/mm para a resistência de rasgamento progressivo (VADE MÉCUM, 2004).

Considerações finais

O Estado do Paraná possui várias indústrias de pequeno e médio porte que não aproveitam os subprodutos, fator que implica em impactos extremamente negativos para o ambiente e, dentre estes subprodutos, podemos destacar a pele, que, quando curtida e trabalhada artesanalmente, pode se transformar em um objeto o qual agrega valor, passando assim de um resíduo para uma fonte de renda.

Nas regiões oeste e sudoeste existem várias unidades de processamento animal (aves, bovinos, ovinos e peixes, principalmente) que não aproveitam este resíduo industrial e, quando repassam as peles para as indústrias de curtimento, estas fazem uso da tecnologia convencional, com a utilização de cromo como curtente, o que causa grande impacto ambiental.

Os problemas ambientais gerados pela atividade de frigoríficos estão relacionados com os seus despejos ou resíduos oriundos de diversas etapas do processamento industrial, pois esses resíduos são subutilizados ou descartados pelas indústrias de filetagem (BOSCOLO, 2007). Barros (2007) explica que eles não devem sofrer disposição final em lixões ou em aterros sanitários, pois suas características orgânicas e facilidades de putrefação causam aumento da população de insetos, odores desagradáveis e contaminação de lençóis freáticos. Desta forma, a geração e disposição do resíduo gerado pelo setor têm despertado grande interesse da cadeia produtiva do couro, dos órgãos governamentais, das instituições de pesquisa e da sociedade (MATTOS; MONTEIRO, 2009).

Alguns autores afirmam que as peles de peixes são consideradas couro exótico e inovador, com aceitação geral em vários segmentos da confecção (SOUZA, 2003). Porém, atualmente, as peles estão sendo desperdiçadas ou subutilizadas devido à falta de conhecimento das técnicas possíveis para a sua transformação e aplicação na indústria de confecção de vestuários, de calçados ou de artefatos em geral (SOUZA et al., 2006).

Diante dessa realidade, este estudo pretende repassar para a comunidade acadêmica da Unioeste, a qual, por sua vez, torna-se multiplicadora desse aprendizado, todas as técnicas e possibilidades de aproveitamento desses resíduos da agropecuária e da industrialização animal, por meio do curtimento de peles com o uso de taninos vegetais.

Os couros curtidos ecologicamente surgem como uma alternativa importante na busca por novas soluções que possam contribuir para o desenvolvimento sustentável. Os resultados obtidos nos testes de tração e rasgamento não interferiram quanto ao sentido do couro (longitudinal e transversal), sendo que os couros podem ser utilizados para a confecção de artesanatos em geral.

Paralelo a esse trabalho de análise e avaliação do material utilizado para a confecção de objetos com o couro da rã, a equipe responsável pelo projeto oportunizou a formação de multiplicadores da técnica utilizada para a confecção, bem como de "educadores ambientais", por meio de cursos ofertados à comunidade acadêmica da Unioeste e agricultores familiares (pesque pague) com o objetivo de ensinar todas as etapas da fabricação artesanal de pele de rã, atentando para suas especificidades e finalidades, sempre com ênfase na importância do desenvolvimento sustentável e as formas de minimizar o impacto ambiental decorrente da destinação inadequada dos resíduos (peles) da rã.

Nos cursos, são abordados diversos tópicos, desde a manipulação dos materiais e instrumentos necessários, até os resultados do processo, com a aplicação de cores, bem como suas formas e aplicabilidade final e confecção de peças de artesanato, estimulando diferentes ideias e recursos de uso e aplicação do couro em trabalhos manuais, agendas, blocos de anotações, pastas executivas, pastas para eventos, peças decorativas, bijuterias, bolsas, calçados, cintos etc.; sempre oferecendo ênfase na matéria prima, pois é um resíduo que, habitualmente, é jogado fora, podendo agregar valor e melhorar a fonte de renda.

Os conceitos de educação ambiental, sustentabilidade e responsabilidade social direcionam para um imaginário social de que se deve conscientizar a humanidade acerca de sua frágil condição no ambiente, porém, são conceitos que precisam ser trabalhados de forma integrada com a realidade de cada grupo de indivíduos, associando a teoria e a prática, por meio das ações concretas, para, de forma gradativa, provocar uma sensibilização por meio do conhecimento adquirido e aprendido com as ações oriundas de quem se propõe a abordar esses temas.

E é no contexto educacional, especificamente na Universidade Pública, que este projeto está sendo incorporado às ações cotidianas do fazer universitário, com o propósito de cumprir, também, com o papel da educação "não formal", por meio das práticas e de ações coletivas de servidores públicos, alcançados pelo Plano de Desenvolvimento dos Agentes Universitários, por possuir, conforme defendido por Gohn (1999, p. 104) "um caráter coletivo [...] é vivida como práxis concreta de um grupo, ainda que o resultado do que se aprende seja absorvido individualmente".

Agradecimento

Bombonatto – Indústria e Comércio de Couros Ltda de Toledo-PR. Ranário São Vicente, Palotina-PR.

REFERÊNCIAS

ASSOCIAÇÃO BRASILEIRA DE NORMAS TÉCNICAS. **NBR 11035:** corte de corpos-de-prova em couro. Rio de Janeiro, 1990.

ASSOCIAÇÃO BRASILEIRA DE NORMAS TÉCNICAS. **NBR 11041:** determinação da resistência à tração e alongamento. Rio de Janeiro, 1997a.

ASSOCIAÇÃO BRASILEIRA DE NORMAS TÉCNICAS. **NBR 11055:** couros-determinação da força de rasgamento progressivo. Rio de Janeiro, 1997b.

ASSOCIAÇÃO BRASILEIRA DE NORMAS TÉCNICAS. **NBR 11062:** determinação da espessura. Rio de Janeiro, 1997c.

BOSCOLO, W.R. e ALDI, F. 2007. Industrialização de Tilápias. Toledo: GFM Gráfica e Editora, 272 p.

CARRARO, K. C. Ranicultura: Um bom negócio que contribui para a saúde. **Revista FAE**, Curitiba, v. 11, n.1, p.111-118, jan/jun, 2008. Disponível em: <http://www.fae.edu/publicacoes/pdf/revista_da_fae/fae_v11_n1/10_karen.pdf>. Acesso em: 8 junh. 2012.

COMISSÃO MUNDIAL SOBRE MEIO AMBIENTE E DESENVOLVIMENTO - CMMAD. **Nosso futuro comum**. Rio de Janeiro: Fundação Getúlio Vargas, 1988.

GOHN, M. G. **Educação não-formal e cultura política**. São Paulo: Cortez, 1999.

HILBING, C. C.; et al. Resistance of Bullfrog Leather and Skin Composition During Beamhouse Operations. **SLTC Journal**. v. 97, p. 189-194. 2013.

FROST, D. R.; et al. The Amphibian Tree of Life. **Bulletin of the American Museum of Natural History,** New York, (297): p. 1-291. 2006.

LIRA, E. O. C.; LIMA, C. A. P. Processo de curtimento de pele de tilápia *(oreochromis niloticus)*, com curtente vegetal: uma alternativa para redução do impacto ambiental. Encontro Nacional de Educação, Ciência e Tecnologia- ENECT/UEPB. **Anais...** Encontro Nacional de Educação, Ciência e Tecnologia UEPB (2012) - Volume 1, Número 1, ISSN 2317-0050.

LOVEJOY, T. Artigo publicado na revista **Veja**. 20 de junho, p. 134. 2012.

MALUF, M. L. F. **Curtimento ecológico de peles de peixe.** Gráfica e Editora JOFEL, Toledo, 2010. 42 p.

MANSUETO, L. **Curtimento de couro de peixe evita danos ambientais.** Disponível em: < https://www.inpa.gov.br/noticias/noticia_sgno2.php?codigo=237>. Acesso em: 01 ago. 2015.

MOREIRA, R. C. **Análise econômica da ranicultura**: viabilidade individual e integrada de operações. 2011. 56 f. Dissertação (Mestrado em Aquicultura e Pesca) – Agência Paulista de Tecnologia dos Agronegócios. São Paulo, 2011.

SOUZA, M. L. R., et al. Histologia da pele do Pacu (Piaractus mesopotamicus) e testes de resistência do couro. **Acta Scientiarum. Animal Sciences**, Maringá, Paraná. v. 25, n. 1, p. 37-44. 2003.

SOUZA, M.L.R. **Tecnologia para processamento das peles de peixe**. Maringá: Eduem, 2004. 59 p. (Coleção Fundamentum, 11).

SOUZA, M. L. R.; CASACA, J. M.; NAKAGHI, L. S. O. Efeito da técnica de curtimento e do método utilizado para remoção da pele da tilápia-do--nilo sobre as características de resistência do couro. **Revista Brasileira de Zootecnia**, v. 35, n. 4, p. 1273-1280. 2006.

VADEMÉCUM **para el técnico en curtición**. 3. ed. Revista Y ampliada. Ludwigshanfen: Basf, 2004.

VIEIRA, A. M.; et al. **Curtimento de peles de peixe com taninos vegetal e sintético**. Maringá, Paraná, 2008.

WWF. **Relatório planeta vivo 2006.** Suíça, 2006. Disponível em: <http://d3nehc6yl9qzo4.cloudfront.net/downloads/wwf_brasil_planeta_vivo_2006.pdf>. Acesso em: 01 ago. 2015.

A COTA SOCIAL DA ORIGEM NACIONAL À IMPLANTAÇÃO NA UNIOESTE CAMPUS DE FOZ DO IGUAÇU

Claudete Conceição de Abreu[78]
Juliano Hettwer[79]
Nelma de Fátima Silva[80]
Raul Damasceno Jucá Rolim[81]
Silvana Ap. Michaliski Rodrigues[82]

Introdução

Este artigo é fruto dos questionamentos surgidos na execução do projeto intitulado "Unioeste aberta à humanização e inclusão social", executado pelos colaboradores da Secretaria Acadêmica da Unioeste, Câmpus de Foz do Iguaçu, junto às escolas públicas da cidade de Foz do Iguaçu, Paraná.

O projeto, primeiramente, divulgou a Unioeste, como universidade *multicampi* e, fundamentalmente, como universidade pública, construída pela e para a comunidade do Oeste do Paraná e, mais especificamente, no caso do Câmpus de Foz do Iguaçu, a comunidade dessa cidade. A divulgação foi por meio de apresentações realizadas aos alunos dos últimos anos do ensino médio, com o objetivo de falar aos estudantes acerca das possibilidades de ingresso, dos processos de seleção, das vantagens de estudarem em uma Universidade pública, gratuita e de qualidade, das possibilidades de estágios remunerados, projetos de pesquisa, monitorias, mobilidades internacionais e outras formas de promover a manutenção dos alunos e contribuir para a sua formação.

---

78 Mestre em Letras, UNIOESTE, Campus de Cascavel, Cascavel, Pr, Claudete.abreu@unioeste.br
79 Licenciado em Matemática, UNIOESTTE, Campus de Foz do Iguaçu, Paraná, julianojh@hotmail.com
80 Especialista em gerenciamento do Ambiente escolar, Universidade Castelo Branco, Rio de Janeiro, EAD, Polo Universitário – Foz do Iguaçu, Pr, neumaunioeste@gmail.com
81 Bacharel em Administração, UNIOESTE, Campus Foz do Iguaçu, Foz do Iguaçu - PR, Raul.rolim@unioeste.br
82 Bacharel em Administração, UNIOESTE, Campus de Foz do Iguaçu, Pr, Silvana.rodrigues@unioeste.br

Após dois anos de execução do projeto, nos anos de 2013 e 2014, depois de várias palestras realizadas, de visitas às escolas e das escolas à Universidade, surgiram no próprio grupo de trabalho vários questionamentos.

O primeiro grande questionamento foi sobre a própria Cota Social. Sabíamos como a cota social deveria funcionar, ou seja: seus mecanismos operacionais e, inclusive, as justificativas básicas da legislação sobre as cotas como, por exemplo, seu apelo de justiça social. No entanto, não tínhamos a construção histórica dessa ação. Não tínhamos o conhecimento de que essa ação, da qual agora participávamos e divulgávamos, fosse fruto de uma construção histórica de razões tão profundas, e é isso que buscamos apresentar a seguir.

A esse questionamento, apresentamos pontos significativos na história, em que a humanidade pensou a questão do bem-estar social, os direitos universais e a interligação entre os seres de um mesmo meio, além das medidas legais e internacionais que culminaram em leis nacionais com o objetivo de alcançar o equilíbrio dos direitos concedidos a grupos considerados "discriminados historicamente".

Outro questionamento que apresentamos nesse trabalho é a tentativa de se esboçar o perfil dos alunos que, de fato, ingressam na Unioeste e se esse perfil possui alguma relação com a implantação da cota social. Para tanto, apresentaremos os números, coletados em nosso sistema acadêmico (sistema informatizado de dados acadêmicos – *Academus*) para responder: o número de alunos ingressantes cotistas, oriundos da escola pública, é, de fato, o mesmo número do percentual da cota desde 2009? Existe diferença entre os números de ingressantes oriundos das escolas públicas por Curso? De onde vêm os alunos da Unioeste, Câmpus de Foz do Iguaçu? São, em sua maioria, egressos da escola pública ou da escola privada? Qual é a diferença destacável entre 2008 e 2009, respectivamente um ano antes e o primeiro ano de implantação da Cota Social, no perfil dos ingressantes?

Inserida em um contexto nacional e, também, global, a Universidade busca contribuir para a diminuição das desigualdades sociais do país e, especialmente, de seu entorno, pois se compromete com seu papel social. A Universidade não é um fim em si mesma, é, antes de tudo, um instrumento social de promoção e difusão de conhecimento, sendo, nesse contexto, instrumento transformado e transformador do seu meio.

Nesse sentido, as Universidades Públicas, em geral, e a Unioeste em particular, buscam formas de aumentar sua participação na comunidade e na promoção da inclusão social por meio da educação, tal como preconizado no Artigo 43, inciso VI, da Lei de Diretrizes e bases da Educação, o qual dispõe que uma das principais finalidades da Universidade é "estimular o conhecimento dos problemas do mundo presente, em particular os nacionais e regionais, prestar serviços especializados à comunidade e estabelecer com esta uma relação de reciprocidade"[83].

Está no cerne da missão da Unioeste o compromisso social com a justiça, a democracia e a cidadania, ações estas que busca implementar por meio da produção, sistematização e socialização do conhecimento[84].

Nesse sentido, este trabalho apresenta a evolução dessa ideia que passa a pensar esse processo e buscar informações mais aprofundadas sobre essa relação entre a Universidade Pública, a escola pública de ensino médio e as contribuições por meio das políticas públicas para o aumento do número de ingressantes oriundos das escolas públicas.

1 A construção histórica de direitos

A política de cotas nas Universidades é entendida por muitos como medida compensatória para as desigualdades sociais. Portanto, buscamos entender o princípio dessa desigualdade.

A história das sociedades tem sido marcada, durante toda sua existência, pelo enfrentamento. Os contrastes de forças e interesses fizeram da vida humana um frequente embate pela sobrevivência.

Desde o início, o poder e a dominação do homem pelo homem através da força e da violência, bem como os contrates de interesses se mostram e se enfrentam. A civilização apresentou aos homens formas mais sutis para subjugar e dominar, no entanto, não menos cruéis aos olhos do dominado.

Na história pode-se, certamente, escolher vários pontos para determinar-se como ponto de partida para estudar as bases das desigualdades sociais no mundo. No entanto, para esse trabalho, escolheu-se a revolução industrial, que acreditamos influenciar não só as condições materiais, mas também o pensamento ocidental sobre as condições materiais de nossa existência até os dias de hoje. Segundo Bertrand Russel (2003),

---

83   Lei nº 9.394, de 20 de dezembro de 1996, [recurso eletrônico]. – 8. ed. – Brasília.
84   WOLF, Paulo Sergio/Universidade Estadual do Oeste do Paraná. **Plano de Desenvolvimento Institucional.** 2013.

Durante o século XVIII, o processo de enclosure[85] [...] esta usurpação de privilégios fez com que grande número de camponeses desenraizados se vissem empurrados para as cidades, em busca de novo meio de vida. Essas pessoas foram absorvidas pelas novas fábricas. Mal pagas e exploradas, instalaram-se nas zonas mais pobres das cidades e nos subúrbios, lançando as bases das enormes favelas industriais do século XIX. (RUSSEL, 2003).

Pode-se dizer que esse período também lançou as bases para as subsequentes e fortalecidas maneiras de exploração durante a expansão do sistema de divisão do trabalho e as novas formas de divisão social e consequentes discriminações.

Paralelamente ao fortalecimento e expansão do sistema capitalista, os homens discutiram as condições de vida na sociedade, e buscou-se amenizar as condições sócias das populações exploradas, sendo que as questões pertinentes à igualdade e aos direitos humanos sempre estiveram presentes em tais discussões.

Enquanto as condições materiais de existência dos homens, a massificação do trabalho e as condições de exploração e miséria da classe operária promoviam a coisificação do homem, transformando-o em instrumento da produção, Kant (apud COMPARATO, 2005) pensa a humanização do ser humano, diferenciando-o das coisas:

> a dignidade da pessoa humana não consiste apenas no fato de ser ela, diferentemente das coisas, um ser considerado e tratado, em sim mesmo, como um fim em si e nunca como um meio para a consecução de determinado resultado. Ela resulta também do fato de que, pela sua vontade racional, só a pessoa vive em condições de autonomia, isto é, como ser capaz de guiar-se pelas leis que ele próprio edita (KANT apud COMPARATO, 2005, p. 21).

Kant está pensando sobre um ser humano individual, projetando luz sobre o sujeito absorvido pela máquina produtiva da sociedade. Mas ele não fala do ser social em suas relações, sua ligação com os demais membros de seu grupo ou a influência do mecanismo social em seu estado de bem-estar social.

---

85 Processo econômico-social que consistiu no fechamento dos campus comunais pelos proprietários individuais para aumentar os rendimentos agrícolas e criar excedentes comercializáveis. Desenvolveu-se na Europa desde a baixa idade média até o século XIX (RUSSEL, 2003).

Na área do Direito formal, o primeiro pensador que encontramos, na era moderna, que parece definir o bem-estar do indivíduo ligado ao bem-estar dos demais, é Jeremy Bentham, o qual acreditava que deveria ser atividade legislativa do governo buscar promover a "felicidade plena do indivíduo", que consistiria no maior prazer evitando a dor, "sendo necessário para alcançar tal escopo que a felicidade pessoal fosse alcançada pela felicidade alheia" (RUSSEL, 2003, p. 425; 428).

Após esse período, o individual e o coletivo estiveram em constantes discussões e embates: a supremacia do poder individual sobre as massas desprovidas de direitos e a busca da supremacia do coletivo, os choques entre ideologias divergentes na visão do homem; o homem cujos direitos individuais se sobrepõem aos direitos coletivos e o homem cujo direito individual está subjugado aos interesses coletivos. Duas doutrinas se enfrentaram no mundo de diversas formas, o socialismo e o capitalismo, e continuam produzindo embates.

Segundo Fábio Konder Comparato (2005, p. 54), após as duas grandes guerras, a sociedade passou por considerável "lustros de massacres e atrocidades de toda sorte", de modo que ter-se-ia, então, entendido o valor da dignidade humana e, com isso, pode-se "aprofundar a afirmação dos direitos humanos".

Nesse contexto de pós-guerra, pós-holocausto, pós-uso da primeira bomba atômica, e todas as outras conhecidas atrocidades cometidas durante esses períodos é que surgem os alicerces para o Direito Internacional e o princípio de uma normatização de proteção aos direitos universais do homem (FACHIN, 2009, p. 59). Em 1948 foi promulgada a Declaração Universal dos Direitos Humanos e em 1993 a Declaração de Viena, a qual aponta para a busca do fim de toda forma de discriminação.

Derivado desse processo de criação de mecanismos jurídicos específicos para a proteção da pessoa humana e direitos universais, o Brasil, como um país emergente, de vasta extensão, grande produção e grandes desigualdades sociais históricas, sob pressão internacional, foi signatário da Convenção Internacional sobre a Eliminação de todas as Formas de Discriminação Racial (1966) da Organização das Nações Unidas. Participou, também, da Convenção da ONU para Eliminação de todas as Formas de Discriminação Racial (CERD) (1969).

Todos esses instrumentos foram influentes na construção de nossa Constituição Federal, promulgada em 1988. Esse documento traz o princípio da igualdade, dos direitos fundamentais, universais e, principalmente, a busca pela eliminação das discriminações e exclusões, tal como disposto nos seguintes artigos e incisos:

Art. 3º Constituem objetivos fundamentais da República Federativa do Brasil:
I - construir uma sociedade livre, justa e solidária;
III - erradicar a pobreza e a marginalização e reduzir as desigualdades sociais e regionais;
[...]
Art. 7º São direitos dos trabalhadores urbanos e rurais, além de outros que visem à melhoria de sua condição social:
XX - proteção do mercado de trabalho da mulher, mediante incentivos específicos, nos termos da lei;
[...]
Art. 170 - A ordem econômica, fundada na valorização do trabalho humano e na livre iniciativa, tem por fim assegurar a todos existência digna, conforme os ditames da justiça social, observados os seguintes princípios:
VIII – redução das desigualdades regionais e sociais (BRASIL, 1988, s/p.)[86].

2 Ações afirmativas

Nossa constituição já preconizava a busca pela eliminação das desigualdades sociais. No entanto, para agir sobre uma injustiça, social ou sobre uma desigualdade social, é preciso, primeiramente, reconhecê-la. Nesse sentido, os movimentos sociais da década de noventa denunciam as condições desiguais a que são submetidos pobres, negros, mulheres e outros grupos historicamente desconsiderados em seus direitos. Na literatura dessa área é frequentemente apresentada a Marcha Zumbi dos Palmares contra o Racismo, pela Cidadania e a Vida, ocorrida em novembro de 1995, como gatilho de várias ações compensatórias.

Segundo Flávia Piovesan (2008), as ações afirmativas devem ser compreendidas no sentido do resgate do passado, com o reconhecimento de que houve ato discriminatório, mas, sobretudo, como ação propulsora de transformação social que deve criar novas realidades e, para um melhor entendimento, cita a Convenção sobre a Eliminação de todas as formas de Discriminação Racial, a qual associa o termo "discriminação positiva" à "ação afirmativa", entendidas como

> adoção de medidas especiais de proteção ou incentivo a grupos ou indivíduos, com vistas a promover sua ascensão na sociedade até um nível de equiparação com os demais. As ações afirmativas objetivam acelerar o processo de igualdade, com o alcance da igualdade substantiva por parte de grupos socialmente vulneráveis, como as minorias étnicas e raciais, entre outros grupos (PIOVESAN, 2008, p. 890).

---

86 http://www.planalto.gov.br/ccivil_03/constituicao/constituicaocompilado.htm, visitado em 28/04/2015 – 09:16.

Gomes (2001, p. 90) explica que as ações afirmativas "consistem em políticas públicas (e também privadas) voltadas à concretização do princípio constitucional da igualdade material e à neutralização dos efeitos da discriminação racial, de gênero, de idade, de origem nacional e de compleição física".

Após esse longo percurso de avanço de direitos para grupos discriminados historicamente, muitos governos no mundo vêm implementando ações afirmativas, designando, por esse termo, um conjunto de estratégias que visam favorecer grupos ou segmentos sociais que se encontram em piores condições de competição em qualquer parte da sociedade. Buscando o equilíbrio entre os diversos grupos, considera-se necessário favorecer alguns desses grupos para neutralizar, ou amenizar, as diferenças existentes.

3 Cota social nas universidades

Por meio da lei estadual 3524 de 28 de dezembro de 2000, é aprovada no Rio de Janeiro a primeira lei estabelecendo cotas no ensino superior. Aplicada em 2002, estabelecendo que 50% das vagas dos cursos de graduação das universidades do Estado do Rio de Janeiro seriam destinadas a alunos oriundos de escolas públicas, selecionadas por meio do Sistema de Acompanhamento do Desempenho dos Estudantes do Ensino Médio (SADE). Essa Lei, aplicada em conjunto com outra, a qual estabelece que as mesmas universidades destinem 40% de suas vagas a candidatos negros e pardos. A partir desta iniciativa, várias universidades criam diversas formas de cotas para ingresso nas universidades públicas.

O Congresso Nacional aprovou na data de 20 de novembro de 2008 o Projeto de Lei nº 3.627/2004, o qual determina a todas as instituições públicas federais de ensino superior reservarem 50% de suas vagas a candidatos que tenham cursado integralmente o ensino médio em escolas públicas (BRASIL, 2004). No primeiro semestre de 2007, mais de trinta universidades públicas já haviam adotado esse sistema.

O sistema de cotas no Brasil vem, a princípio, com o intuito de garantir o cumprimento do Artigo 206, § I, da Constituição Federal de 1988, no qual é afirmado que o ensino tem como princípio primeiro para ser ministrado "igualdade de condições para o acesso e permanência na escola" (BRASIL, 1988, s/p).

Desde a promulgação da Constituição de 1988, a nação busca meios de cumprir seus princípios emanados das lutas pelos direitos humanos, na justiça e nos princípios de igualdade. Esse processo culminou com a aprovação da Lei nº 12.711, de 29 de agosto de 2012, a chamada Lei das Cotas, a qual restringe sua obrigatoriedade às universidades e Institutos Federais de educação, mas que já vem sendo adotada em várias universidades Públicas Estaduais pelo Brasil.

A Unioeste, no ano de 2009, aderiu à cota social. Na ocasião, a aplicação dessa política pública foi concretizada, a princípio, destinando 40% das vagas do Vestibular a estudantes oriundos das escolas públicas.

De 2009 a 2013 manteve-se o percentual de 40% e, a partir de 2014, tal percentual passou a ser de 50% das vagas, as quais são destinadas a estudantes oriundos da escola pública. A partir de 2013, o ingresso passou a ser selecionado com a divisão do processo de seleção em duas formas: o Vestibular e o Sistema de Seleção Unificada (SISU), do Governo Federal, destinando 50% das vagas de cada Curso para cada processo.

Tendo já decorrido seis anos de implantação desde o ano de 2009, a difusão de informações analisadas sobre a repercussão da implantação do sistema de cotas na Unioeste para o ensino de graduação, para o ensino médio público de nossa região ou para a sociedade em nosso entorno ainda é bastante incipiente.

4 Procedimentos metodológicos

Para a construção desse artigo foi feito um levantamento bibliográfico com o objetivo de traçar uma linha histórica do processo de implantação do sistema de cota social nos processos de seleção para ingresso na Universidade Estadual do Oeste do Paraná – Unioeste –, como uma das ações afirmativas preconizadas pelas políticas públicas para a educação, promovidas pelo governo federal nos últimos anos, com o objetivo de entender o papel da universidade no contexto da aplicação dessas ações.

Para responder aos questionamentos expostos na introdução desse trabalho foi feito uma coleta de dados do Sistema dados acadêmicos - *Academus*, com os seguintes parâmetros: quantidade de ingressantes por Curso entre os anos de 2008 em comparação com os anos de aplicação da cota, saber, os anos de 2009 a 2014. Os ingressantes foram separados em oriundos das escolas públicas e oriundos das escolas privadas.

Após a análise dos dados, destacamos as características gerais e separando os Cursos em três áreas – Cursos de Licenciaturas; Cursos de Ciências Sociais e Cursos de Ciências Exatas, que não representam, necessariamente, nossas divisões administrativas – para avaliarmos a diferença de dados entre esses.

Optou-se por apresentar esses dados em percentuais, desconsiderando os números totais, pois não será discutida, aqui, a relação de preenchimento total de vagas iniciais e os números de ingressantes já diplomados antes do ingresso, que não poderiam ser incluídos nas categorias de oriundos de escola pública ou escola privada.

Portanto, os dados levantados consistem na soma dos ingressantes oriundos do ensino médio e, deste total, foi verificado qual é o percentual da escola pública e qual é o percentual da escola privada.

Não se pretende obter nenhuma conclusão, mas, para esse momento, apenas avaliar os dados obtidos, os quais, certamente, fomentarão novos questionamentos, promovendo, assim, novas pesquisas.

5 Análise de dados

Após seis anos de implantação da cota social na Unioeste, Câmpus de Foz do Iguaçu, considerando que os percentuais da cota de 2009 a 2013 são de 40% para alunos oriundos da escola pública e 60% para ampla concorrência, buscamos o percentual de ingressantes oriundos da escola pública e dos oriundos da escola privada, desconsiderando se os mesmos ocupam ou não vaga de cotista. Assim, obtivemos os seguintes dados, os quais foram dispostos nas Tabelas 1, 2 e 3:

Tabela 1 – Ciências Sociais

Cursos de Ciências Sociais														
Curso	2008		2009		2010		2011		2012		2013		2014	
*	%E1	%E2	%E1	%E2	%E1	%E2	%E1	%E2	%E1	%E2	%E1	%E2	%E1	%E2
Administração	52,5	47,5	50,0	50,0	51,4	48,6	51,4	48,6	53,8	46,2	56,1	43,9	63,2	36,8
Ciências Contábeis	81,6	18,4	82,1	17,9	80,0	20,0	70,7	29,3	94,9	5,1	82,1	17,9	82,1	17,9
Direito	44,1	55,9	69,7	30,3	54,8	45,2	48,7	51,3	62,2	37,8	50,0	50,0	60,0	40,0
Hotelaria	66,7	33,3	72,2	27,8	76,9	23,1	76,5	23,5	92,3	7,7	84,6	15,4	85,7	14,3
Turismo	54,8	45,2	72,5	27,5	74,4	25,6	69,2	30,8	82,5	17,5	77,5	22,5	82,1	17,9

*E1: Escola pública, E2: Escola privada.
Fonte: Elaborado pelos autores.

Tabela 2 - Licenciaturas

Cursos de Licenciatura														
Curso	2008		2009		2010		2011		2012		2013		2014	
*	%E1	%E2	%E1	%E2	%E1	%E2	%E1	%E2	%E1	%E2	%E1	%E2	%E1	%E2
Enfermagem	56,4	43,6	48,7	51,3	77,5	22,5	85,0	15,0	75,7	24,3	83,3	16,7	74,3	25,7
Letras Português/ Espanhol e Português/ Inglês[10]	90,7	9,3	82,1	17,9	78,9	21,1	83,3	16,7	78,0	22,0	83,3	16,7	75,0	25,0
Matemática	87,2	12,8	86,8	13,2	83,8	16,2	71,1	28,9	94,1	5,9	92,5	7,5	83,8	16,2
Pedagogia	90,5	9,5	78,6	21,4	89,7	10,3	92,3	7,7	94,6	5,4	80,6	19,4	79,5	20,5

*E1: Escola pública, E2: Escola privada.
Fonte: Elaborado pelos autores.

Tabela 3 – Ciências Exatas

Cursos de Ciências Exatas														
Curso	2008		2009		2010		2011		2012		2013		2014	
*	%E1	%E2	%E1	%E2	%E1	%E2	%E1	%E2	%E1	%E2	%E1	%E2	%E1	%E2
Ciência da Computação	30,8	69,2	45,0	55,0	55,0	45,0	62,8	37,2	65,9	34,1	45,0	55,0	55,0	45,0
Eng. Elétrica	37,5	62,5	43,6	56,4	44,7	55,3	47,5	52,5	40,5	59,5	40,5	59,5	52,5	47,5
Eng. Mecânica	20,0	80,0	45,0	55,0	42,5	57,5	45,0	55,0	44,7	55,3	42,5	57,5	53,8	46,2

*E1: Escola pública, E2: Escola privada.
Fonte: Elaborado pelos autores.

É preciso esclarecer como ocorre a concessão da cota aos alunos da escola pública. O candidato que se inscreve como cotista, tanto no vestibular da Unioeste, quanto através do SISU, nos últimos dois anos, com sua nota, participa da classificação, primeiro entre os cotistas e, não sendo classificado, participa de nova classificação entre os demais concorrentes, ou seja, ele tem duas possibilidades de classificação e poderá ocupar vaga como cotista ou como não cotista. Por isso, se deve esclarecer que o

---

87 O Curso de Letras Português/Espanhol e Letras Português/Inglês é um Curso com disciplinas comuns e disciplinas específicas de cada habilitação, nesse estudo optamos por apresentá-lo como um Curso único. Nos anos apresentados, de 2009 a 2013 foi disponibilizado 44 vagas e a partir do ano de 2014 passou a oferecer 48 vagas, sendo metade das vagas para cada habilitação.

percentual de 40%, nos anos de 2009 a 2012 ou 50% nos anos de 2013 e 2014 é o percentual mínimo de ingressantes oriundos da escola pública.

Os números apresentados desconsideram a quantidade de vagas dos Cursos, como também dos ingressantes já graduados. O percentual apresentado foi obtido com a soma dos números dos ingressantes oriundos do ensino médio e, destes, foram diferenciados em percentuais os oriundos das escolas públicas e das escolas privadas.

O que primeiro chama atenção nos números dispostos nas tabelas acima é que, em alguns Cursos, no ano de 2008, quando ainda não havia a cota, os oriundos da escola pública estão em um percentual mais alto que em 2009, primeiro ano de implantação da cota, como, por exemplo, dos Cursos de Ciências Sociais: o curso de Administração teve, em 2008, 52,5% de estudantes oriundos da escola pública e, em 2009, passou a 50%, assim como todos os Cursos de Licenciatura.

É também visível que, nos anos seguintes, o processo de crescimento desse percentual é constante. É possível perceber que os Cursos de Licenciatura são os Cursos com o maior número de ingressantes oriundos da escola pública, estando, em vários casos, próximo ou acima de 90%.

Com os dados demonstrados nas Tabelas 1, 2 e 3 podemos verificar que a grande maioria dos ingressantes da Unioeste, Câmpus de Foz do Iguaçu, são oriundos da escola pública.

A exceção desse perfil são os Cursos que, nesse trabalho, foram classificados na área de Ciências Exatas: Curso de Ciência da Computação, Engenharia Elétrica e Engenharia Mecânica, os quais apresentam o maior impacto na implantação do sistema de cotas e esse é um dado importante, pois é possível observar que a relação percentual apresentada em 2008, praticamente se inverte em 2009 com a implantação do sistema de cotas e se mantém estável nos anos seguintes, mantendo a mesma relação da implantação da cota, ou seja, 40% para a escola pública e 60% para ampla concorrência, que, nesse caso, se caracterizaria pela ocupação predominante dos oriundos da escola privada.

Considerações finais

O trabalho realizado através do projeto que faz parte do Programa de Desenvolvimento dos Agentes Universitários da Unioeste, intitulado "Unioeste aberta à humanização e inclusão social", proporcionou os questionamentos que deram origem a esse artigo. O projeto em si, a princípio, é uma prática identificada como extensão universitária que busca contribuir com o fortalecimento do elo entre a Universidade e a escola pública, levando informações sobre a universidade às escolas públicas.

Através da pesquisa bibliográfica foi possível pensar as questões relativas ao direito e à busca de justiça social, bem como poder identificar e localizar o projeto como elemento que contribui com um processo sócio-histórico vinculado à cidadania. Promovendo assim a reflexão a cerca da prática realizada como agente social, inclusive para responder, com embasamento, quando questionado sobre o que é cota social, por que a Universidade promove essa ação e no que se baseia essa ação?

Viu-se que essas ações fazem parte de um processo que culminou com a conquista legal de direitos a uma classe social, que foi reconhecida como vítima de discriminação e menor número de oportunidades de ascensão social. Deste modo, o projeto "Unioeste aberta a humanização e inclusão social", no contexto das ações afirmativas realizadas pela Universidade Estadual do Oeste do Paraná, a insere em um contexto sócio-histórico como instrumento de busca de justiça social para o Oeste do Paraná, bem como para o Brasil.

Concordamos com Natália Duarte (2011, p. 00), da Escola de Aperfeiçoamento dos Profissionais da Educação/SEDF, quando afirma que, como agentes públicos da educação, devemos "assegurar que a educação seja entendida como política pública social e distribuir, democraticamente, o sucesso escolar".

Com o levantamento dos percentuais de ingressantes da escola pública confirmamos que o perfil dos nossos alunos é o de oriundo da escola pública, de modo o que deve permear todas as discussões relativas ao ensino, à pesquisa e à extensão na Universidade é a certeza da interligação entre o ensino público e a Universidade pública.

Muitos outros detalhamentos poderão surgir desse nosso ponto de partida, como, por exemplo, a questão do desempenho escolar desses alunos. Essa questão se tornou uma pesquisa em andamento no grupo de trabalho, assim como as questões de evasão e tempo de formação.

Na relação estabelecida com a escola pública através do projeto "Unioeste aberta à humanização e inclusão social" e no retorno do grupo de trabalho à escola pública também serão divulgadas as informações contidas neste artigo, a fim de demonstrar aos futuros ingressantes a imagem já formada, pela informação, de sua capacidade de desempenho. Assim, esperamos contribuir com estímulos à participação desses jovens.

No ano de 2014 já tínhamos obtido o dado de que 63,55% do total dos nossos alunos matriculados naquele ano eram oriundos da escola pública. Com o detalhamento feito, agora podemos identificar, por Curso, mas temos em números indiscutíveis que a maioria dos nossos alunos são oriundos de escolas públicas. Essa informação não chega ou, muitas vezes, chega distorcida aos alunos do ensino médio público, como se a universidade pública não fosse a eles destinada.

REFERÊNCIAS

BRASIL, LDB: **Lei de Diretrizes e Bases da Educação Nacional**: Lei nº 9.394, de 20 de dezembro de 1996, que estabelece as diretrizes e bases da educação nacional [recurso eletrônico]. 8. ed. Brasília: Câmara dos Deputados, Edições Câmara, 2013.

BEZERRA, Teresa Olinda Caminha; GURGEL, Claudio. **A política Pública de Cotas em Universidades, desempenho acadêmico e inclusão social**. SBIJ - NÚMERO 09 – AGOSTO DE 2011 - ISSN 1807-5908.

COMPARATO, Fábio Konder. **A afirmação histórica dos direitos humanos**. 4. ed., rev. e atual. São Paulo: Saraiva, 2005.

DUARTE, Natália. Política social de educação e o percurso escolar da população em situação de pobreza. In: **XXV Simpósio Brasileiro II Congresso Ibero-Americano de Política e administração da Educação**. cd rom. 2011. Biblioteca Anpae – série Cadernos: n.11-2011.

FACHIN, Melina Girardi. **Fundamentos dos direitos humanos**: teoria e práxis na cultura da tolerância. Rio de Janeiro: Renovar, 2009.

GOMES, Joaquim B. Barbosa. **Ação afirmativa e princípio constitucional da igualdade**: O direito como instrumento de transformação social. Rio de Janeiro: Editora Renovar, 2001.

_____. **As ações afirmativas e os Processos de Promoção da igualdade efetiva**. Seminário Internacional. As minorias e o Direito (p. 86 a 115): CJF, 2003. 272 p. (Série Cadernos do CEJ; v. 24).

PIOVESAN, Flávia. Ações afirmativas no Brasil: desafios e perspectivas. **Rev. Estud. Fem.** [on-line]. v. 16, n. 3, p. 887-896, 2008. ISSN 1805-9584.

REVISTA BRASILEIRA DE ESTUDOS PEDAGÓGICOS/Instituto Nacional de Estudos e Pesquisas Educacionais Anísio Teixeira. v. 1, n. 1, jul. 1944.

RUSSEL, Bertrand. **História do Pensamento Ocidental**. Tradução Laura Alves e Aurélio Rebelo. Rio de Janeiro: Ediouro, 2003.

WOLF, Paulo Sergio/Universidade Estadual do Oeste do Paraná. **Plano de Desenvolvimento Institucional.** 2012. Disponível em: <http://cac-php.unioeste.br/proplan/docs/PDI_Anexo_res_081-2013.pdf.>. Acesso em: 17 set. 2013.

SOBRE OS AUTORES

Ana Cristina Damian

E-mail: anacristinad1@hotmail.com

Anna Puebla Vitkoski Fagotti de Lima

Lattes: http://buscatextual.cnpq.br/buscatextual/visualizacv.do?id=K4243969T5
E-mail: annapuebla@gmail.com

Andreia Zuchelli Cucchi

Especialista em Supervisão, Orientação e Gestão Escolar (Educação) pela Faculdade Estadual de Educação, Ciências e Letras de Paranavaí. Especialista em Gestão Empresarial pela Universidade Estadual do Oeste do Paraná - UNIOESTE/ Campus de Francisco Beltrão. Possui MBA em Gestão de Pessoas pela Universidade Estadual do Oeste do Paraná - UNIOESTE/ Campus de Francisco Beltrão. Graduada em Administração pela Universidade Estadual do Oeste do Paraná (2007). Graduada em Pedagogia pela Universidade Estadual do Oeste do Paraná (2004). Atualmente é técnico-administrativo da Universidade Estadual do Oeste do Paraná, desenvolvendo suas atividades como assistente do Programa de Pós-Graduação em Geografia - Nível de Mestrado (Secretaria). Possui experiência na docência da Educação Infantil e Ensino Fundamental.

Carlos Paulo Duda

Especialista em Gestão Pública, pela Universidade Estadual do Oeste do Paraná (2006) e em Software Livre, pela UNIPAN de Cascavel (2008). Graduado em Processamento de Dados (Bacharel) pela Universidade Estadual de Ponta Grossa (1994). Agente universitário da Universidade Estadual do Oeste do Paraná. Desenvolvendo suas atividades como Analista de Sistemas do Núcleo de Tecnologia da Informação. Possui experiência na área de Tecnologia.

E-mail: carlos.duda@unioeste.br

Catia Silene Maciel Ferreira

Mestre em Bioengenharia (2014) pela Universidade do Vale do Paraíba – UNIVAP, Possui graduação em Enfermagem pela Universidade Paranaense (2005), Especialização em Enfermagem do Trabalho e Saúde Ocupacional (2007) pela Universidade Paranaense, Especialização em Cuidados Pré-natais (2011) pela Universidade Federal de São Paulo – UNIFESP e Universidade Aberta do Brasil – UAB. É agente universitário da Universidade Estadual do Oeste do Paraná. Atua como Enfermeira do Trabalho no Serviço Especializado em Engenharia de Segurança e Medicina do Trabalho, no Hospital Universitário do Oeste do Paraná.
Lattes: http://lattes.cnpq.br/6145059262303446
E-mail: catia.ferreira@unioeste.br

Clarinha Teresa Wagner

Graduando em Gestão Hospitalar. Técnico em Enfermagem.

Claudete Conceição de Abreu

Mestre em Letras, linha de pesquisa em Sociedade e Cultura, pela Universidade Estadual do Oeste do Paraná, Campus de Cascavel. É graduada em Letras Português/Espanhol pela Universidade Estadual do Oeste do Parana, Campus de Foz do Iguaçu e atualmente é graduanda em Filosofia (Licenciatura) pela Universidade Federal da Integração Latino Americana, em Foz do Iguaçu. Servidora da Universidade Estadual do Oeste do Paraná, desde 1995, lotada no Campus de Foz do Iguaçu e desde 2008 coordenadora da Secretaria Acadêmica da Universidade Estadual do Oeste do Paraná, Campus de Foz do Iguaçu. Coordenadora do Projeto "Unioete aberta à humanização e inclusão social" que analisa e divulga dados referentes ao ingresso e a implantação da Cota Social na Unioeste - Campus de Foz do Iguaçu. Seus interesses são Educação, Filosofia, Direitos Sociais e Legislação Educacional.

Denise Galletto

Especialista em Enfermagem do Trabalho e em Saúde do Adulto. Graduada em Enfermagem em 1984 - Universidade Estadual do Oeste do Paraná – UNIOESTE. Tem experiência na área Docente da Universidade

Estadual do Oeste do Paraná, de 1996 à 1999. Foi funcionária pública municipal por 7 anos de 2000 à 2007. Trabalha na área de enfermagem há 27 anos, onde atuou como Supervisora nas Áreas de Centro Cirúrgico, Clínica Médica/Cirúrgica, Neurologia, Ortopedia, Pediatria, UCI, UTI e Pronto Socorro. Instrumentação cirúrgica em várias especialidades e também transplante renal. Atualmente trabalha no hospital universitário do oeste do paraná - HUOP desde 10 de agosto de 2007. Há 3 anos na assessoria especial da direção de enfermagem.

E-mail:denisegalletto@yahoo.com.br

Dirce Inês Simon Hahn

Lattes: http://lattes.cnpq.br/1228294850675865
E-mail: dirce_hagemann@hotmail.com

Eliane Becker

Lattes: http://buscatextual.cnpq.br/buscatextual/visualizacv.do?id=K4518392H6
E-mail: eliane.becker@unioeste.br ou nane.eli@gmail.com

Eni Ferreira Brisolla

Graduada em Serviço Social. Graduando em Gestão Hospitalar
Atuação: Técnico em Enfermagem- no HUOP - Unioeste desde 2001.
E-mail: enibrisolla.hu@hotmail.com

Fernando Dressler

Lattes: http://lattes.cnpq.br/5803133485895862
E-mail: ferdressler@gmail.com

Fabiana Freitas Squerich

Técnica em Enfermagem na UNIOESTE desde 2009.
E-mail: fabi.squerich@gmail.com

Franciely Rosa de Castro

Lattes: http://buscatextual.cnpq.br/buscatextual/visualizacv.do?id=K4409689U1
E-mail: francielycastro@hotmail.com

Geyze Colli Alcantara

Curso superior de Tecnologia em Processos Gerenciais. Agente universitário da Universidade Estadual do Oeste do Paraná, desenvolvendo suas atividades como assistente na Divisão de Planejamento e Registro da Pró-Reitoria de Recurso Humanos.
E-mail: Geyze.lima@unioeste.br

Gilceli Aparecida Zambão

Especialista em Administração Pública - União Pan-Americana de Ensino – UNIPAN (2006). Graduada em Secretariado Executivo - Universidade Estadual do Oeste do Paraná - Unioeste (2002)
E-mail: gilceli.zambao@unioeste.br

Helena Soterio Bejio

Lattes: http://lattes.cnpq.br/3613536670404507
E-mail: helena.bejio@unioeste.br

Ivair Deonei Ebbing

Especialista em Planejamento e Gestão na Organização Pública e em Formulação e Gestão de Políticas Públicas. Bacharel em Administração pela Universidade Estadual do Oeste do Paraná - UNIOESTE, Cascavel – PR.
E-mail: ivair.ebbing@unioeste.br

Ivã José de Pádua

Especialista em Educação Especial e em Políticas Públicas. Graduado em Ciências Sociais pela UNIOESTE. Coordenador Administrativo do Hospital Universitário do Oeste do Paraná. Representante do HUOP na Comissão Central do Plano de Desenvolvimento do Agente PDA e

membro do Programa institucional de ações relativas às pessoas com necessidades especiais - PEE/UNIOESTE.
E-mail: ivandepadua@gmail.com

Jandira Turatto Mariga

Doutoranda em Ciências Sociais pela UNISINOS. Graduação em Economia pela Universidade Estadual do Oeste do Paraná (1988). Mestrado em Engenharia de Produção pela Universidade Federal de Santa Catarina (2004). Especialização em Formulação e Gestão de Políticas Públicas pela Universidade Estadual do Oeste do Paraná (2006). Especialização em Gestão da Qualidade Ambiental pela Universidade Federal de Santa Catarina (2003). Especialização em Planejamento e Gestão Pública pela Universidade Estadual do Oeste do Paraná (1997). Especialização em Planejamento e Administração no Âmbito das Ciências Sociais pela Universidade Estadual do Oeste do Paraná (1990). Experiência na área de planejamento, gestão pública e ambiental, atuando principalmente nos seguintes temas: gestão pública, qualidade, meio ambiente e gestão ambiental. Pesquisadora Colaboradora do Grupo de Pesquisa em Comportamento Político do Centro de Ciências Sociais Aplicadas Campus
E-mail: jandira.mariga@unioeste.br

Janete Terezinha Chimbida

Lattes: http://buscatextual.cnpq.br/buscatextual/visualizacv.do?id=K4746533Z9
E-mail: janterchim@yahoo.com.br

Kelly Jackelini Jorge dos Santos

Lattes: http://lattes.cnpq.br/6509012874482729
E-mail: kellyjack@hotmail.com

Lairton Milani

E-mail: lairton21@hotmail.com

Laura Cristina Chaves Romero

Especialista em Formulação e Gestão de Políticas Públicas pela Universidade Estadual do Oeste do Paraná e em Educação Pré-Escolar pela Fundação Universidade Estadual do Oeste do Paraná/FUNIOESTE. Graduada em Pedagogia pela Universidade Estadual do Oeste do Paraná/Fecivel (1987), Atualmente é Técnico em Assuntos Universitários na Universidade Estadual do Oeste do Paraná. Desenvolve suas atividades como Chefe da Divisão de Seleção e Acompanhamento, na Pró-Reitoria de Recursos Humanos.
Lattes: http://lattes.cnpq.br/1474397139223928
E-mail: lauracristina2901@gmail.com

Lisangela Birck

Lattes: http://buscatextual.cnpq.br/buscatextual/visualizacv.do?id=K4130170P1
E-mail: lisangela.birck@unioeste.br

Lizete Cecilia Deimling

É doutoranda em Ciências Sociais junto a UNISINOS. Advogada, graduada em Direito pela Universidade Paranaense (2002), Mestre em Desenvolvimento Regional pela Universidade Estadual do Oeste do Paraná (2006), Especialista em Gestão Pública pela Universidade Estadual do Oeste do Paraná (2004) e Especialista em Direito Processual: Grandes Transformações pela Universidade do Amazonas UNAMA (2007). Atualmente advogada concursada e procuradora Jurídica da Universidade Estadual do Oeste do Paraná e docente do Estado do Paraná. Tem experiência na área de Direito, com ênfase em Direito Administrativo e Direito Processual Penal, atuando principalmente nos seguintes temas: direito, informática, administração pública, Lei de Execuções Penais e atua como coordenadora em projeto de Extensão Universitária.
Lattes: http://buscatextual.cnpq.br/buscatextual/visualizacv.do?id=K4716269T8
E-mail: lizete.deimling@unioeste.br

Lourdes Helena Fernandes

Especialista em Linguística Aplicada pela Universidade Estadual do Oeste do Paraná/Campus de Cascavel e em Gestão de Políticas Públicas pela Faculdade Integrada Vale do Ivaí – Univale. Graduada em Letras – Português/Inglês pela Universidade Estadual do Oeste do Paraná.

Pós-graduação a nível de Agente Universitário - Técnica Administrativa da Universidade Estadual do Oeste do Paraná, desenvolvendo suas atividades na Pró-Reitoria de Recursos Humanos- PRORH, na Divisão de Planejamento e Registro como assistente.
E-mail: lourdes.fernandes@unioeste.br

Márcia Luzia Ferrarezi Maluf

Mestre em Ciências Farmacêutica pela Universidade Estadual de Maringá (2004). Especialista em Saúde Pública pela Universidade Estadual de Maringá (1995). Graduada em Farmácia Bioquímica pela Universidade Estadual de Maringá (1985), e Farmácia Industrial pela Universidade Estadual de Maringá (1992), Atualmente trabalha como bioquímica na Universidade Estadual do Oeste do Paraná, *campus* de Toledo e pesquisadora do Grupo de Estudos de Manejo na Aquicultura – GEMAq e Instituto Água Viva, atuando principalmente nos seguintes temas: Biotecnologia, com ênfase em Biotecnologia Enzimática, Tecnologia do Pescado no desenvolvimento de novos produtos com ênfase na merenda escolar; aproveitamento de resíduos da indústria do pescado- desenvolvendo o processo de curtimento ecológico de peles de peixe e hidrolisados; área de sanidade do pescado – exames hematológicos e bioquímicos. Pesquisa científica com publicação de livros, capítulos de livros e artigos científicos.
Lattes: http://lattes.cnpq.br/8291081336017296
E-mail: mlfmaluf@yahoo.com.br

Mari Ângela Sbaraini Agostini

Especialista em Economia Empresarial e MBA em Recursos Humanos pela Universidade Estadual do Oeste do Paraná/ Campus de Cascavel. Graduada em Ciências com Habilitação em Matemática pela Universidade Estadual do Oeste do Paraná e graduação e em Tecnólogo em Gestão Pública pelo Instituto Federal do Paraná. Agente Universitário - Técnica Administrativa da Universidade Estadual do Oeste do Paraná, desenvolvendo suas atividades na PRORH-Pró Reitoria de Recursos Humanos na Diretoria de Pagamentos e Registro como assessora.
E-mail: mari.agostini@unioeste.br

Marines da Cruz Monteiro

Doutoranda em Ciências Sociais junto a UNISINOS. Mestre em Ciência da Informação pela Pontifícia Universidade Católica de Campinas (2001). Especialista em Formulação e Gestão de Políticas Públicas pela Universidade Estadual do Oeste do Paraná (2009) e em Planejamento e Gestão na Organização Pública também pela Universidade Estadual do Oeste do Paraná (1998). Graduação em Administração pela Universidade Estadual do Oeste do Paraná (1994). Membro do Grupo de Pesquisa em Comportamento Político (GPCP) do Centro de Ciências Sociais Aplicadas, Campus de Cascavel, Unioeste. Administradora junto a Universidade Estadual do Oeste do Paraná desde o ano de 1995, e, atualmente, ocupa as funções de Ouvidora da Unioeste e Assessora Técnica da Pró-Reitoria de Planejamento. Tem experiência na área de Administração, com ênfase em Organizações Públicas, atuando principalmente nos seguintes temas: planejamento estratégico, convênios, elaboração de projetos e organização, sistemas e métodos. Possui experiência na Docência tendo sido professora Assistente junto a UNIPAN responsável pelas disciplinas de Teoria Geral da Administração e Planejamento Estratégico nos cursos ligados a área de Ciências Sociais Aplicadas da UNIPAN.
Lattes: http://buscatextual.cnpq.br/buscatextual/visualizacv.do?id=K4249805P6
E-mail: marines.monteiro@unioeste.br

Marli Kunzler de Lima

Lattes: http://buscatextual.cnpq.br/buscatextual/visualizacv.do?id=K4479133Z6
E-mail: marli.lima@unioeste.br

Nelci Janete dos Santos Nardelli

É doutoranda em Ciências Sociais junto a UNISINOS. Mestre em Letras-Linguagem e Sociedade pela Universidade Estadual do Oeste do Paraná (2009). Especialista em Excelência na Gestão Pública pela Unioeste (1999). Graduada em Pedagogia pela Universidade Estadual do Oeste do Paraná (1997) e em Tecnologia em Gestão de Recursos Humanos pela UNICESUMAR (2015). É Agente Universitário da Universidade Estadual do Oeste do Paraná. Tem experiência na área de Educação Superior, com ênfase em Avaliação Institucional,

Planejamento Institucional, análise e acompanhamento das Diretrizes Curriculares Nacionais para os cursos de Graduação e atividades na área de Gestão de Pessoas e Desenvolvimento Humano.
Lattes: http://buscatextual.cnpq.br/buscatextual/visualizacv.do?id=K4249805P6
E-mail: nelci.nardelli@unioeste.br

Rodrigo Suzuki

Lattes: https://wwws.cnpq.br/cvlattesweb/PKG_MENU.menu?f_cod=91A153BC4BB4B9A7AB99FE01C51485ED#
E-mail: rsuzuki20@hotmail.com

Rosana Rossetin Lima

E-mail: rosana.lima@unioeste.br

Roseli Aparecida Valera Paris

Especialista em Auditoria e Controladoria Interna e em Gestão Pública
E-mail: roseli.paris@unioeste.br

Tiragem: 1000
Formato: 16 x 23 cm
Mancha: 12 X 19 cm
Tipologia: Times New Roman 11,5/10,5/8,5/16/18
Arial 7,5/8/9
Papel: Pólen 80 g (miolo)
Royal Supremo 250 g (capa)